Tayeb Kenaza

Corrélation d'Alertes en Détection d'Intrusions

Tayeb Kenaza

Corrélation d'Alertes en Détection d'Intrusions

Utilisation des modèles graphiques probabilistes et des logiques de description

Presses Académiques Francophones

Impressum / Mentions légales
Bibliografische Information der Deutschen Nationalbibliothek: Die Deutsche Nationalbibliothek verzeichnet diese Publikation in der Deutschen Nationalbibliografie; detaillierte bibliografische Daten sind im Internet über http://dnb.d-nb.de abrufbar.
Alle in diesem Buch genannten Marken und Produktnamen unterliegen warenzeichen-, marken- oder patentrechtlichem Schutz bzw. sind Warenzeichen oder eingetragene Warenzeichen der jeweiligen Inhaber. Die Wiedergabe von Marken, Produktnamen, Gebrauchsnamen, Handelsnamen, Warenbezeichnungen u.s.w. in diesem Werk berechtigt auch ohne besondere Kennzeichnung nicht zu der Annahme, dass solche Namen im Sinne der Warenzeichen- und Markenschutzgesetzgebung als frei zu betrachten wären und daher von jedermann benutzt werden dürften.

Information bibliographique publiée par la Deutsche Nationalbibliothek: La Deutsche Nationalbibliothek inscrit cette publication à la Deutsche Nationalbibliografie; des données bibliographiques détaillées sont disponibles sur internet à l'adresse http://dnb.d-nb.de.
Toutes marques et noms de produits mentionnés dans ce livre demeurent sous la protection des marques, des marques déposées et des brevets, et sont des marques ou des marques déposées de leurs détenteurs respectifs. L'utilisation des marques, noms de produits, noms communs, noms commerciaux, descriptions de produits, etc, même sans qu'ils soient mentionnés de façon particulière dans ce livre ne signifie en aucune façon que ces noms peuvent être utilisés sans restriction à l'égard de la législation pour la protection des marques et des marques déposées et pourraient donc être utilisés par quiconque.

Coverbild / Photo de couverture: www.ingimage.com

Verlag / Editeur:
Presses Académiques Francophones
ist ein Imprint der / est une marque déposée de
AV Akademikerverlag GmbH & Co. KG
Heinrich-Böcking-Str. 6-8, 66121 Saarbrücken, Deutschland / Allemagne
Email: info@presses-academiques.com

Herstellung: siehe letzte Seite /
Impression: voir la dernière page
ISBN: 978-3-8381-8945-1

Préface

Dans la sécurité des systèmes d'information, les systèmes de détection d'intrusions jouent un rôle primordial pour la détection de toute violation de la politique de sécurité. Cependant, le problème du faux négatifs et faux positifs persiste toujours. De plus, le nombre d'alertes générées est souvent trop élevé si bien que l'opérateur de sécurité qui est chargé d'analyser et de traiter ces alertes se retrouve rapidement noyé. De ce fait, la corrélation d'alertes en détection d'intrusions est un domaine de recherche très actif et très riche par une multitude d'approches proposées dans la littérature. L'objectif de ce livre est de développer de nouvelles approches de corrélation d'alertes à la fois plus simples et plus efficaces et qui ne nécessitent pas une grande contribution des connaissances d'experts.

Dans ce livre,
l'*introduction* expose la problématique de la corrélation d'alertes en détection d'intrusions,
le *premier chapitre* présente le domaine de la détection d'intrusions,
le *deuxième chapitre* présente les travaux existants en agrégation et corrélation d'alertes,
le *troisième chapitre* présente les modèles graphiques probabilistes,
le *quatrième chapitre* présente notre modélisation de la corrélation d'alertes,
le *cinquième chapitre* présente comment améliorer la corrélation d'alertes par les informations contextuelles,

le *sixième chapitre* présente des mesures d'évaluation d'un multi-classifieurs Bayésien,

le *septième chapitre* présente les données d'expérimentations,

le *huitième chapitre* présente les expérimentations,

la *conclusion* résume nos contributions.

Remerciements

Je tiens à exprimer ici tous mes remerciements ainsi que toute ma gratitude à toutes les personnes sans lesquelles ce travail n'aurait pas été mené à terme.

En premier lieu, ces remerciements vont à Salem Benferhat et Aïcha Mokhtari pour m'avoir guidé et m'avoir orienté dans mes travaux de recherche. Je les remercie particulièrement pour leur patience, leur disponibilité, et surtout pour leurs conseils et remarques constructives qui m'ont permis d'améliorer grandement la qualité de mes travaux et du présent livre.

En second lieu, que l'ensemble des Criliens trouvent ici l'expression de ma gratitude la plus sincère pour m'avoir accueilli, m'avoir appris tant de choses et avoir mis à ma disposition tous les moyens dont j'avais besoin pour progresser dans les meilleures conditions possibles. Également, je dois à mes collègues et camarades une reconnaissance que je veux à la hauteur de leur sympathie, leur soutien et du plaisir que j'ai eu à travailler avec eux. Je ne pourrai rater l'occasion qui m'est offerte ici pour dire un grand merci aux équipes qui ont participé dans le projet PLACID.

Je remercie mes amis et collègues de l'École Militaire Polytechnique (EMP), particulièrement ceux rattachés à l'Unité d'Enseignement et de Recherche en Informatique (UERI), qui m'ont aidé ou ont rendu le déroulement de mes travaux agréable. Je leur exprime ma profonde sympathie et je leur souhaite une bonne continuation.

Enfin, je tiens à remercier très sincèrement ma femme et tous les membres de ma famille pour leur confiance et leurs encouragements.

iv

TABLE DES MATIÈRES

TABLE DES FIGURES

Liste des tableaux

Introduction générale

Contexte et motivations

Depuis l'apparition de l'Intelligence Artificielle (IA) au début des années cinquante, cette nouvelle discipline a révolutionné l'informatique en permettant à des programmes informatiques de se doter de la capacité de percevoir, raisonner et agir tout comme l'être humain [Win92]. Les premiers systèmes intelligents capables de raisonner utilisaient une base de connaissances, qui représente ce que nous savons sur le monde, et un moteur d'inférence, qui répond aux questions en agissant sur la base de connaissances et en utilisant des méthodes de raisonnement nouvelles tel que la déduction [McC59]. Cependant, avec l'application de ces méthodes dans de divers domaines, une faiblesse importante de ces logiques, connue sous le nom de *monotonie*[1], a été dévoilée, ce qui a conduit la proposition de plusieurs autres outils de raisonnement non-monotones tels que les modèles graphiques probabilistes qui permettent entre autres de prendre en considération l'incertitude qui peut affecter les observations du monde réel.

Les modèles graphiques probabilistes sont des outils naturels et intuitifs de représentation de connaissances et de raisonnement sous incertitude. Ces modèles, très utilisés en pratique, sont caractérisés par une capacité d'apprentissage automatique et un mode de raisonnement à la fois simple et puissant. Ils peuvent modéliser des systèmes simples ou complexes et ils sont très appropriés pour manipuler des données incertaines et incomplètes. Ils ont été utilisés ces dernières décennies dans plusieurs domaines tels que la médecine, l'automatique, l'analyse de données, etc. Ce livre, qui combine l'expertise en intelligence artificielle et en sécurité informatique, s'intéresse à l'application des modèles graphiques probabilistes dans la détection d'intrusions.

---

1. La monotonie dans la logique classique est due au fait que si on infère une conclusion on ne pourra jamais inférer sa négation en introduisant des nouveaux faits à la base de connaissances, car ceci conduit un état d'inconsistance dans la base de connaissances.

La sécurité des systèmes d'information est un problème sensible et pré-occupant qui nécessite la mise en place de plusieurs outils et mécanismes de la sécurité informatique. Parmi les mécanismes mis au point en vue de sécuriser les systèmes d'information, on peut distinguer les systèmes de pré-vention tels que l'authentification dont l'objectif est de prouver l'identité des utilisateurs, le contrôle d'accès qui consiste à définir les droits accordés aux utilisateurs sur les données et les pare-feux, dont le rôle est de filtrer l'accès aux services du système d'information vis-à-vis du monde extérieur. Cepen-dant, ces mécanismes ne sont pas suffisants pour protéger les systèmes contre des attaques malveillantes. En effet, les systèmes informatiques présentent souvent des vulnérabilités, ce qui permet à des attaquants de contourner les mécanismes de prévention. De plus, un certain nombre de ces systèmes se focalisent sur la protection des attaques extérieures, alors qu'une grande par-tie des attaques proviennent de l'intérieur. Étant donnés que les systèmes de prévention ne suffisent pas, une seconde couche de sécurisation s'avère né-cessaire, telle que la détection d'intrusions.

La détection d'intrusions est apparue au début des années quatre-vingt, suite aux travaux d'Anderson [And80] et à ceux de Denning [Den87]. Elle vise à détecter les attaques contre le système surveillé. Cependant, à son tour, elle souffre de plusieurs problèmes. En effet, certaines attaques peuvent pas-ser inaperçues, et dans ce cas, on parle de « faux négatifs ». En revanche, certaines alertes sont générées par rapport à des attaques qui n'ont pas eu lieu, ce qui correspond à des « faux positifs ». En outre, le nombre d'alertes générées est souvent trop élevé si bien que l'opérateur de sécurité qui est chargé d'analyser et de traiter ces alertes se retrouve rapidement noyé. En effet, les opérateurs se trouvent par fois obliger d'ignorer tous les rapports des systèmes de détection d'intrusions (SDI) car ces derniers ne mettent pas en évidence les alertes pertinentes et ne peuvent pas détecter efficacement les coordinations entre les attaques.

La détection d'intrusions est un domaine très approprié pour l'application des modèles graphiques, car ce domaine est caractérisé par une masse
d'informations très importante générées par les SDIs, ce qui favorise une
approche basée sur l'apprentissage automatique. De plus, les informations
observées en détection d'intrusions ne sont pas complètement fiables, elles
peuvent être entachées d'incertitude. En effet, le taux très élevé de fausses
alertes en témoigne. Enfin, ce domaine souffre aussi de l'incomplétude de
l'information, car il est possible que les SDIs ne génèrent pas des alertes
pertinentes à cause de certaines attaques qui passent inaperçues.

Enfin, nous pouvons dire que ce qui a principalement motivé ce travail
est que les SDIs génèrent toujours un large volume d'alertes et que les SDIs
ne distinguent toujours pas entre les vrais attaques et un trafic légitime qui
ressemble à une attaque, et que les SDIs ont toujours des capacités d'intelligence limitées face aux attaques de plus en plus complexes et sophistiquées.

Problématique

Les SDIs, qui forment une des principales lignes de défense, jouent un
rôle important dans la sécurité informatique. En effet, ils sont largement employés dans les systèmes d'information pour rapporter des anomalies et protéger ces systèmes contre des activités malveillantes. Dans ce livre, nous nous
situons dans le cadre où les actions malveillantes et intrusives concernent
uniquement les biens informatiques (fichiers, machines, réseaux, etc.).

Les SDIs traditionnels se concentrent habituellement sur la détection des
attaques élémentaires (une attaque est réalisée par une seule action). Ils traitent
les alertes indépendamment les unes des autres sans tenir compte des relations qui peuvent exister entre elles. Le résultat des SDIs est généralement
un ensemble d'alertes qui se rapportent à des attaques élémentaires.

Dans certaines situations, des intrus peuvent utiliser des attaques complexes (coordonnées) pour atteindre leurs objectifs. Souvent, ils effectuent une série d'actions (attaques élémentaires) dans une séquence bien définie, appelée « scénario » ou « plan d'attaque ». La plupart de ces actions sont signalées par les SDIs, mais les dépendances entre ces actions (séquence d'actions) ne sont pas détectées par les SDIs.

Par ailleurs, les opérateurs de sécurité traitent un volume important d'alertes rapportées par ces SDIs avec une certaine incertitude. Il s'agit de savoir si ces alertes correspondent à de vraies attaques ou non, et si elles correspondent à des actions isolées ou elles appartiennent à des scénarios d'attaque. Pour détecter les attaques coordonnées, les SDIs sont dotés de modules d'analyse supplémentaires, appelés modules de corrélation d'alertes [DMC⁺04, GLT10]. Le but de la corrélation d'alertes est de fournir aux opérateurs de sécurité une solution automatique pour rechercher les relations entre les alertes. Plusieurs approches de corrélation d'alertes sont proposées dans la littérature [GAB⁺04, NXHA04, VGU05, VVKK04, WLJ06, ZG06, ZCB07]. Cependant, ces approches nécessitent souvent beaucoup de connaissances d'experts et elles sont, pour la plupart d'entre elles, difficiles à mettre en œuvre [KVV05].

La problématique traitée dans ce livre consiste à proposer de nouvelles méthodes de corrélation d'alertes qui soient efficaces, simples à mettre en œuvre, et qui ne nécessitent pas une grande contribution des connaissances d'experts. De plus, ces méthodes doivent être capables de manipuler des données contenant un taux très élevé de fausses alertes et doivent aussi tolérer d'éventuels faux négatifs des SDIs.

Résumé des principales contributions

Les principales contributions de ce livre peuvent se résumer comme suit :

1. *Nouvelle modélisation de la corrélation d'alertes :* nous avons pro-

posé une nouvelle modélisation de la corrélation d'alertes [BKM08b, BKL09, KTM09, KTB10] qui utilise l'apprentissage à partir de données et qui n'exige pas beaucoup de connaissances d'experts. Elle est basée sur l'utilisation d'une forme très simple des réseaux Bayésiens, appelé réseaux Bayésiens naïfs. Cette modélisation permet de détecter des attaques coordonnées sous forme de scénarios. Ici, le terme scénario est utilisé dans un sens très simplifié qui représente principalement l'ensemble des actions impliquées dans la violation d'un objectif d'intrusion [2], ou encore tout événement anormal qu'un opérateur de sécurité souhaiterait surveiller. Dans notre modélisation, le problème de la corrélation d'alertes est considéré comme un problème de classification. La classification est un problème d'inférence particulier, où nous avons n actions (attaques) qui sont observables et une classe d'objectifs d'intrusion non-observables et que l'on cherche à estimer. Le domaine de la classe contient l'ensemble des objectifs d'intrusion ainsi que l'instance « *non attaque* » qui correspond à l'absence de toute violation d'objectif d'intrusion. Après une étape de prétraitement des observations et une étape de construction du modèle, une étape de prédiction détecte les objectifs d'intrusion les plus plausibles en se basant sur les nouvelles observations.

2. *Filtrage d'alertes et détection des attaques sévères :* nous avons adapté notre modélisation de la corrélation d'alertes pour la surveillance d'événements anormaux dits sévères [BKM08a]. Nous avons appliqué notre modélisation pour la détection des attaques sévères en se basant seulement sur les attaques de faible sévérité. Dans certaines applications, les attaques sévères ne sont pas isolées et peuvent être préparées par des attaques de faible sévérité. Ces dernières attaques peuvent être vues

---

2. Un objectif d'intrusion représente la cible d'un scénario d'attaque du point de vue d'un attaquant, ou le « bien » à protéger du point de vue d'un opérateur de sécurité. Il peut être par exemple un serveur de messagerie.

comme des actions qui doivent être exécutées avant de réaliser ces attaques sévères. Ce problème est clairement lié à la corrélation d'alertes, où les objectifs d'intrusion correspondent aux attaques sévères. Notre but est de détecter les attaques sévères les plus plausibles ainsi que les actions qui contribuent à leur exécution. Par conséquent, les actions qui ne contribuent pas à la présence des attaques sévères seront considérées comme des alertes non pertinentes et peuvent être ignorées ou étiquetées par un degré de priorité plus faible.

3. *Prise en compte des informations contextuelles en corrélation d'alertes :* nous avons proposé de prendre en considération les informations contextuelles, disponibles dans les environnements de détection d'intrusions coopérative, pour améliorer notre modélisation de la corrélation d'alertes [YBK10b]. En effet, la corrélation d'alertes est fortement influencée par plusieurs problèmes qui peuvent surgir dans de telles environnements, tels que le taux élevé de faux positifs et faux négatifs et l'incohérence entre les informations fournies par des outils hétérogènes. Ainsi, nous avons utilisé un vocabulaire commun pour décrire les différentes informations manipulées dans la détection d'intrusions. Étant données que ces informations sont de nature structurée, nous avons proposé de les représenter en logiques de description qui est bien adaptée pour la représentation des informations structurées. Ensuite, nous avons utilisé cette représentation pour améliorer notre approche de corrélation. Nous avons proposé de construire une base de connaissances qui centralise toutes les informations contextuelles et qui sera utilisée comme une source d'information pour notre approche de corrélation d'alertes. Ceci facilite la sélection des objectifs d'intrusion et permet d'éliminer la redondance et l'incohérence des informations par des requêtes en logiques de description.

4. *Mesures d'évaluation d'un multi-classifieur binaire :* les mesures d'éva-

luation traditionnelles tel que le *Pourcentage de Classification Correcte* (PCC) sont proposées pour évaluer un seul classifieur. Dans cette contribution nous avons proposé plusieurs mesures d'évaluation pour un ensemble de classifieurs Bayésiens naïfs dans le contexte de la détection d'intrusions dans un réseau informatique [BK10]. Chaque réseau Bayésien naïf codera les connaissances disponibles pour la détection d'un objectif d'intrusion individuellement. Le but de cette contribution est alors d'évaluer globalement les performances de ces classifieurs Bayésiens naïfs pour l'analyse simultanée d'un ensemble de connexions qui peuvent contenir plusieurs attaques contre plusieurs objectifs d'intrusion en même temps.

Guide de lecture

Ce livre est organisé en trois parties. La première partie, constituée de trois chapitres, est consacrée à l'état de l'art. Dans le chapitre 1, nous introduirons les notions de base de la sécurité informatique et nous aborderons plus en détails le domaine de la détection d'intrusions. Dans le chapitre 2, nous rentrerons dans le vif de notre sujet qui est la corrélation d'alertes. Nous parlerons des efforts de standardisation faites pour permettre l'interopérabilité entre plusieurs outils en détection d'intrusions, et nous aborderons plus en détails le problème de la corrélation d'un volume important d'alertes générées dans un environnement de détection d'intrusions impliquant plusieurs outils. Dans le chapitre 3, nous rappellerons brièvement les modèles graphiques probabilistes, le support théorique sur lequel se base toutes nos contributions dans ce livre.

Dans la deuxième partie, constituée de trois chapitres, nous détaillerons nos différentes contributions. Dans le chapitre 4, nous présenterons les différentes étapes de notre modélisation de la corrélation d'alertes basée sur les réseaux Bayésiens naïfs. Nous montrerons dans ce chapitre comment passer d'une étape de « formatage » des observations vers une étape de construction des réseaux Bayésien, pour enfin prédire les objectifs d'intrusion. Dans le chapitre 5, nous montrerons comment représenter les informations contextuelles dans le domaine de la détection d'intrusions en logiques de descriptions, et comment les utiliser pour améliorer notre modélisation de la corrélation d'alertes. Le chapitre 6 sera consacré à la présentation de quelques nouvelles mesures d'évaluation de la classification, dans le cas de l'utilisation simultanée de plusieurs classifieurs Bayésiens naïfs. Ces mesures permettent d'avoir une évaluation globale de l'ensemble des classifieurs.

La troisième partie est consacrée à des études de cas. Dans cette partie, constituée de deux chapitres, le chapitre 7 présentera des détails techniques sur les données de test utilisées dans les expérimentations. Dans le chapitre 8, nous présenterons deux expérimentations. La première expérimentation concerne la détection des attaques coordonnées, et elle est illustrée sur les données de test DARPA'2000. La deuxième expérimentation est une application de notre approche de corrélation d'alertes sur des données réelles, et qui concerne la détection des attaques sévères dans un campus universitaire.

Enfin, nous terminerons ce livre par une conclusion générale dans laquelle nous synthétiserons les différentes contributions présentées et nous décrirons les perspectives d'amélioration.

Première partie

État de l'art

Chapitre 1

Détection d'intrusions

1.1 Introduction

L'information dans l'entreprise est d'une importance capitale, ce qui rend sa protection contre toute menace une fonction primordiale. Pour cela, une politique de sécurité définissant les règles et les mécanismes préventifs doit être mise en œuvre. Cependant, des violations peuvent toujours avoir lieu. Ainsi, des outils, de diagnostic et de détection, doivent être utilisés pour compléter la protection des systèmes d'information et permettre par la suite d'apporter les correctifs appropriés.

Ce chapitre introductif, présente un mécanisme de diagnostic et de détection indispensable en sécurité informatique, qui est la *détection d'intrusions*. Ce mécanisme permet aux organisations de protéger leurs systèmes contre les menaces qui ne cessent de croître à cause de l'augmentation de la connectivité au réseau public (Internet) et de la confiance accordée aux systèmes informatiques qui peuvent comporter des bugs.

Nous commençons par présenter les notions de base en sécurité informatique. Ensuite, nous abordons plus en détails la détection d'intrusions en trois étapes : i) Définir les rôles de la détection d'intrusions, ii) Donner son fonctionnement, et iii) Présenter comment évaluer les outils qui assurent la détection d'intrusions. Une classification de la détection d'intrusions est donnée en deuxième lieu, et enfin nous discutons les limites, problèmes et défis actuels de la détection d'intrusions.

1.2 Notions préliminaires en sécurité informatique

Dans cette section nous donnons les définitions de base que nous utiliserons tout au long de cette livre. Ces définitions sont adaptées à partir du standard [ISO89] et du glossaire de la terminologie de la sécurité informatique définie dans le RFC-2828 [Shi00b].

1.2.1   Sécurité informatique

La définition de la « sécurité informatique » n'est pas triviale. La difficulté réside dans l'élaboration d'une définition suffisamment large pour être
valable quel que soit le système décrit, mais aussi suffisamment précise pour
décrire ce que la sécurité est vraiment. Dans un sens générique, la sécurité est
définie comme suit : « Confiance, tranquillité d'esprit qui résulte de l'opinion,
bien ou mal fondée, qu'on n'a pas à craindre de danger » [1]. Dans le contexte
de l'informatique, l'institut britannique de standardisation [ISO89] définit la
sécurité informatique par la préservation des trois propriétés suivantes :

- **Confidentialité** : qui consiste à s'assurer que l'information est acces-
  sible uniquement aux utilisateurs autorisés, c'est à dire, empêcher la
  divulgation non autorisée de données.

- **Intégrité** : qui consiste à s'assurer de l'exactitude et la complétude de
  l'information, c'est à dire, empêcher la modification non autorisée de
  données.

- **Disponibilité** : qui consiste à s'assurer que l'accès à l'information est
  continuellement disponible aux utilisateurs autorisés, c'est à dire, empêcher l'utilisation non autorisée des ressources informatiques d'une
  façon générale.

Par ailleurs, la sécurité informatique n'est pas limitée à ces trois grands
concepts. D'autres concepts sont souvent considérés comme faisant partie de
la taxonomie de la sécurité informatique :

- **Non-répudiation (responsabilité)** : qui consiste à veiller à ce que les
  auteurs des messages dans une communication ne peuvent pas nier
  qu'ils ont fait envoyer ces messages. Dans le même contexte, les desti-
  nataires de ces message ne doivent pas pouvoir nier les avoir reçus.

- **Vie privée** : qui consiste à veiller à ce que les individus conservent le

---

1. Définition du mot « sécurité » selon le dictionnaire de l'Académie française, http://
www.academie-francaise.fr/dictionnaire/

droit de contrôler les renseignements recueillis à leur sujet, comment ils sont utilisés, qui les a utilisé, qui les maintient, et pour quel but sont-ils utilisés.

La préservation des propriétés de sécurité nécessite l'implémentation d'un certain nombre de services de sécurité qui sont mis en œuvre par des mécanismes de sécurité. Ces services peuvent être la confidentialité (des données ou du flux de données), l'authentification (d'une entité ou de l'origine des données), le contrôle d'accès, l'intégrité ou encore la non répudiation (avec preuve de l'origine ou preuve de l'acquittement). Les mécanismes peuvent être le chiffrement, l'authentification, l'intégrité, la signature numérique, etc.

Définition 1. *(Sécurité informatique)*
De façon générale, la sécurité informatique dans l'entreprise peut être définie par l'ensemble des moyens matériels, logiciels et humains mis en œuvre pour minimiser les vulnérabilités d'un système d'information, et le protéger contre les menaces accidentelles ou intentionnelles, provenant de l'intérieur ou de l'extérieur de l'entreprise.

Définition 2. *(Vulnérabilité)*
La vulnérabilité est souvent définie comme une faille dans le système permettant de violer la politique de sécurité.

Définition 3. *(Politique de sécurité)*
Une politique de sécurité représente l'ensemble de règles qui fixent les actions autorisées et interdites dans le domaine de la sécurité. Une politique doit préserver les propriétés de la sécurité, c'est à dire la confidentialité, l'intégrité et la disponibilité.

1.2.2 Nécessité d'une approche globale

La sécurité informatique est souvent comparée à une chaîne, tel que le niveau de sécurité d'un système est caractérisé par le niveau de sécurité du maillon le plus faible [EBC⁺06]. Cela signifie que la sécurité doit être abordée dans un contexte global. D'un point de vue organisationnel, nous pouvons distinguer les sous domaines de la sécurité informatique suivants [ISO89] :

- **Sécurité logicielle :** gère la sécurité au niveau logiciel du système d'information (par exemple : l'intégration des protections logicielles comme les antivirus).
- **Sécurité du personnel :** comprend la formation et la sensibilisation des personnes utilisant ou travaillant avec le système d'information.
- **Sécurité physique :** regroupe la politique d'accès aux bâtiments, la politique d'accès aux matériels informatiques, et les règles de sécurité pour la protection des équipements réseaux.
- **Sécurité procédurale :** définit les procédures et les règles d'utilisation du système d'information.
- **Sécurité réseau :** s'occupe de l'architecture physique et logique du réseau, la politique d'accès aux différents services, la gestion des flux d'informations sur les réseaux, et surtout les points de contrôle et de surveillance du réseau [Kra06].
- **Veille technologique :** s'occupe du suivi des dernières mises à jours et failles des systèmes d'exploitation et des applications à partir des bulletins de sécurités des éditeurs, des forums, et des organisations de la sécurité informatique [Car09]. Elle permet d'évaluer la sécurité au cours du temps afin de maintenir un niveau suffisant de protection des systèmes d'information.

1.3 Détection d'intrusions

La *détection d'intrusions* consiste à surveiller des événements qui se produisent dans un ordinateur ou dans un réseau informatique et de les analyser pour découvrir des signes d'intrusions. Ces événements sont souvent définis comme des tentatives de violation de la politique de sécurité. Les intrusions ont plusieurs causes tels que : des logiciels malveillants (par exemple, virus, cheval de Troie, etc.), l'accès des attaquants externes aux systèmes via des réseaux ouverts comme Internet, des utilisateurs autorisés qui essayent de gagner des privilèges additionnels pour lesquels ils ne sont pas autorisés, ou des utilisateurs autorisés qui abusent de leurs privilèges [SM07].

Définition 4. *(événement)*
Une action qui se produit ou s'installe dans le système et qui induit à un changement d'état.

Définition 5. *(intrusion)*
Une activité malveillante qui menace la politique de sécurité et qui peut induire la sécurité en échec, c'est à dire, violer la politique de sécurité.

Définition 6. *(systèmes de détection d'intrusions)*
Les systèmes de détection d'intrusions (SDI) sont les systèmes logiciels ou matériels qui automatisent cette tâche de surveillance et d'analyse.

Dans [DDW99], les auteurs simplifient un système de détection d'intrusions par un détecteur qui analyse les informations en provenance du système surveillé (voir la Figure 1.1). Les systèmes de détection d'intrusions peuvent être décrits en terme de trois composants fonctionnels fondamentaux :

- **Sources d'informations (sonde) :** le détecteur analyse trois types d'informations : les informations de long terme relatives aux techniques utilisées dans la détection d'intrusions telle que la base de signature des attaques [2], les informations de configuration qui déterminent l'état courant du SDI, et les informations d'audit qui décrivent les événements survenant dans le système et qui permettent de détecter les intrusions

---

2. Nous présentons dans la section 1.4 plus en détails les principales techniques de détection d'intrusions.

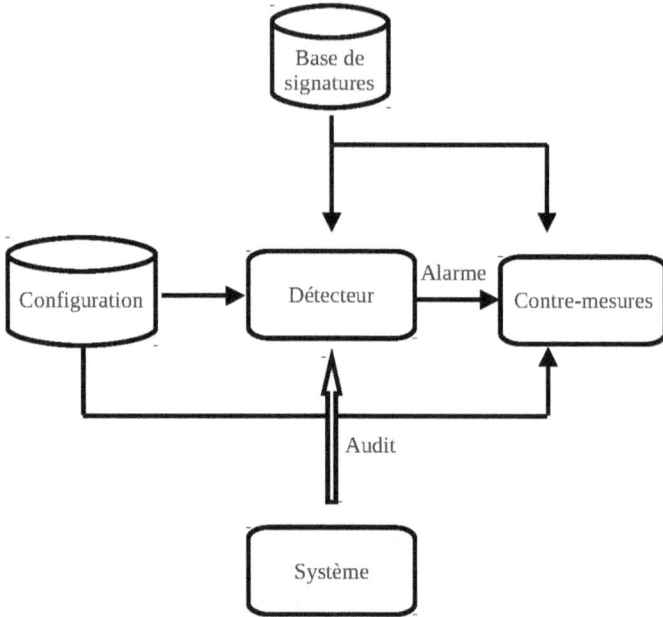

FIGURE 1.1 – *Modèle simplifié d'un système de détection d'intrusions [DDW99]*

qui ont eu lieu. Les sources d'audit peuvent être fournies par les différents niveaux du système d'information tels que les réseaux, les hôtes,
les applications, etc.

– **Analyse :** la partie du système de détection d'intrusions qui réellement
organise et donne un sens aux événements dérivés des sources d'informations, décidant quand ces événements indiquent que des intrusions
se produisent ou ont déjà eu lieu.

– **Réponse :** l'ensemble des contre-mesures que le système prend une
fois qu'il détecte des intrusions. Celles-ci sont typiquement groupées
dans des mesures actives et passives, les mesures actives comportent
une certaine interposition automatisée de la part du système, alors que
les mesures passives rapportent des résultats issus de l'analyse aux res-

ponsables, qui sont alors prévenus pour agir et prendre une décision basée sur ces rapports.

1.3.1 Rôle de la détection d'intrusions

Les systèmes de détection d'intrusions ont gagné l'acceptation d'être un élément nécessaire dans l'infrastructure de la sécurité informatique de chaque organisation. Le principale rôle de la détection d'intrusions est de rapporter tout incident. Par exemple, rapporter qu'un système est compromis par une attaque qui exploite une vulnérabilité donnée. La détection d'intrusions est déployée dans les entreprises pour plusieurs raisons telles que [BM00, SM07] :

– détecter les attaques et autres violations de sécurité qui ne sont pas empêchées par les outils de sécurité préventifs tel que les pare-feu,

– agir en tant que contrôle de qualité pour la conception de la sécurité, particulièrement dans les grandes et complexes entreprises,

– fournir des informations utiles au sujet des intrusions qui ont eu lieu, et faire des diagnostics, recouvrements, et corrections des causes à l'origine des ces intrusions,

– réagir contre les attaques et bloquer les intrusions avant qu'elles endommagent le système d'information. Malheureusement, cela n'est pas toujours possible à cause de la complexité et la diversité des intrusions, et la naissance de nouveaux types d'intrusions liées au développement des nouvelles technologies d'information. Les contre-mesures actives sont souvent optionnelles dans la quasi-totalité des systèmes de détection d'intrusions.

– dissuader le personnel de violer la politiques de sécurité. Si les employés sont conscients que leurs actions sont surveillés par un SDI, cela les rendre moins susceptibles de commettre de telles violations en raison du risque de détection.

1.3.2   Évaluation des systèmes de détection d'intrusions

En détection d'intrusions, plusieurs produits logicielles et matérielles existent que ce soit dans le domaine académique ou commercial. Cependant, comment peuvons-nous nous s'assurer que ces boites noires, pour la plupart d'entre-elles, remplissent leur rôle convenablement. Depuis que la détection d'intrusions est devenue opérationnelle, de nombreuses tentatives d'évaluation des SDIs ont eu lieu [PCO+97, DDW+98, LHF+00, TBK+06]. Cependant, elles souffrent pour la plupart d'entre-elles de plusieurs faiblesses. Le comportement du SDI pendant la phase de l'évaluation est généralement très différent de son comportement en pratique. Par-conséquent, les conclusions qui peuvent être tirées ne sont pas correctes à cent pour cent.

L'évaluation des systèmes de détection d'intrusions est une tâche très difficile, elle exige notamment des connaissances profondes de techniques relevant de domaines différents, comme la détection d'intrusions, les réseaux et systèmes, les techniques d'attaques, les techniques de test et d'évaluation, etc.

Une autre difficulté exige que les SDIs doivent être évalués dans des conditions normales et surtout dans un environnement malveillant, donc dans des plate-formes de test bien configurées et qui doivent être similaires à la réalité en tenant compte des modes d'utilisation inattendus et parfois même inconnus. Toutes ces considérations rendent la tâche de construction de données représentatives pour l'évaluation des SDIs très difficile.

Critères d'évaluations

Définir des critères quantitatifs d'évaluation est d'une importance capitale pour les utilisateurs potentiels des résultats des évaluations des SDIs tels que les opérateurs de sécurité et les chercheurs. Les opérateurs de sécurité ont besoin de tels critères pour améliorer le processus de sélection des SDIs, qui est trop souvent basé uniquement sur les revendications des constructeurs et les commentaires portés dans des revues spécialisées. Par exemple, les opérateurs de sécurité qui examinent les Logs des SDIs voudraient savoir la probabilité que des alertes se produisent lorsque certains types d'attaques sont lancées. Les chercheurs également ont besoin de ces évaluations pour identifier les forces et les faiblesses des systèmes actuels afin de concentrer les efforts de recherche sur l'amélioration de ces systèmes.

Dans [MHL$^+$03], les auteurs reprennent les critères initialement proposés dans [PV98] et [DDW99] et rajoutent d'autre critères pour évaluer l'efficacité des systèmes de détection d'intrusions :

- **Couverture :** ce critère mesure le nombre d'attaques qui peuvent être détectées par le SDI en mode de fonctionnement idéal. Pour un SDI basé signatures, ce critère est déterminé par le nombre de signatures définies dans le SDI.

- **Taux de fausses alertes :** ce critère mesure le taux de fausses alertes générées par un SDI dans un environnement donné et pendant une durée donnée. On désigne par *faux positif* toute alerte qui correspond à une activité légale. Les causes des fausses alertes sont diverses, par exemple une signature male définie telle que la recherche du mot « Intranet » dans les requêtes Web. Certaines fausses alertes sont dues à un trafic légitime généré par des outils d'administration. Ce critère est difficile à évaluer car il diffère d'un environnement de test à un autre.

- **Taux de détection :** ce critère mesure le taux des attaques détectées par un SDI dans un environnement donné et pendant une durée donnée. On désigne par *faut négatif* toute attaque ratée par le SDI. Ce critère est aussi difficile à évaluer, parce qu'il est impossible d'avoir une connaissance globale sur toutes les attaques.

- **Résistance aux attaques :** ce critère mesure comment un SDI résiste aux attaques qui ciblent à perturber son fonctionnement. Un exemple

d'attaque consiste à envoyer une grande quantité de trafic qui ne contient
pas d'attaques, dans le but de dépasser les capacités de traitement du
SDI. Ainsi, les vraies attaques qui se lancent au moment de la surcharge
du SDI peuvent passer inaperçues.

- **Capacité de travailler en haut-débit :** ce critère montre à quel point
  un SDI fonctionne normalement lorsqu'il confronte un grand volume
  de trafic. La plupart des SDIs réseaux commencent à perdre des paquets
  lorsque le volume du trafic augmente, ce qui causera au SDI de rater un
  certain nombre d'attaques.

- **Capacité de corréler des événements :** ce critère montre à quel point
  un SDI peut corréler les événements causés par les attaques. Ces événements peuvent être recueillis auprès des SDIs, des routeurs, des pare-
  feux, des journaux d'applications, etc. Un des principaux objectifs de
  cette corrélation est d'identifier les scénarios d'attaque en cours.

- **Capacité de détecter les nouvelles attaques :** ce critère montre à quel
  point un SDI peut détecter de nouvelles attaques. Il n'est généralement
  pas utile de mesurer ce critère pour les SDIs à base de signatures car ils
  ne peuvent détecter que les attaques connues. Toutefois, les systèmes
  basés sur la détection des anomalies peuvent être appropriés pour ce
  type de mesures. Généralement, les SDIs ayant cette capacité de détecter les nouvelles attaques produisent davantage de faux positifs que
  ceux qui n'ont pas cette fonctionnalité.

- **Capacité d'identifier les attaques correctement :** ce critère montre à
  quel point un SDI peut identifier les attaques détectées et leur assigner
  les noms d'attaque/vulnérabilité les plus en communs et les classer dans
  les bonnes catégories.

- **Capacité d'identifier la réussite des attaques :** ce critère montre si
  le SDI peut déterminer la réussite des attaques à partir des systèmes
  attaqués. Dans les environnements réseaux actuels, plusieurs attaques

visant la remontée en privilèges à distance échouent et n'endommagent pas les systèmes attaqués. Cependant, beaucoup de SDIs ne distinguent pas entre l'échec et la réussite de ces attaques. La capacité de déterminer la réussite des attaques est essentielle pour l'analyse et la corrélation des attaques. Elle simplifie aussi le travail de l'opérateur de sécurité en distinguant entre les attaques réussies qui sont très importantes et les tentatives d'attaques échouées qui sont généralement moins importantes.

Efforts existants en évaluation des SDIs

Les efforts fournis dans l'évaluation des SDIs sont divers et caractérisés par une complexité qui a progressé dans le temps. En effet, des attaques plus sophistiquées ont été rajoutées tels que les dénis de services, et des critères nouveaux sont aujourd'hui évalués tel que la capacité de détecter de nouvelles attaques, soulignée par la plupart des évaluations académiques, et les performances en haut-débit, soulignées par les évaluations commerciales [MHL+03].

Parmi les premiers efforts d'évaluation des SDIs, ceux de l'Université de Californie (UC-Davis) [PCO+97] ont conduit à la première plate-forme de test qui lance automatiquement des attaques en utilisant Telnet, FTP, et des sessions rlogin. NSM (Network Security Monitor) [HDL+90] est le premier SDI réseau testé sur cette plate-forme. L'évaluation comportait quelques attaques de craquage de mots de passe et des attaques exploitant une vulnérabilité de surcharge CPU[3] sous Unix. Cette évaluation a montré que NSM rate la détection de quelques attaques en état de surcharge CPU.

Une plateforme de test similaire a été développée au laboratoire de recherche IBM de Zurich [DDW+98]. Ce travail a été réalisé en vue d'une évaluation comparative de plusieurs SDI. La plateforme de test a été créée

---

3. Central Processing Unit (unité centrale de traitement).

en utilisant plusieurs postes de travail (clients et serveurs) contrôlés par une seule station. Le trafic normal sur le réseau (événements non intrusifs) du système est généré en utilisant des outils de test construits par les développeurs des systèmes d'exploitation tel que AIX [4]. Les attaques sont conçues pour un serveur FTP et lancées en utilisant des scripts. Le rapport publié indique seulement que quatre SDIs de type hôte ont été testés contre des attaques FTP, mais aucune métrique n'a été utilisée dans l'évaluation. Plusieurs observations ont été notées dans ce travail. La première est que la génération du comportement normal est une tâche fastidieuse lorsque l'on travaille dans un environnement hétérogène. Une autre observation est que la définition d'un ensemble de critères pour évaluer l'efficacité du SDI reste une question ouverte que nous devons aborder si nous voulons effectuer des études comparatives pertinentes.

Parmi les grand travaux d'évaluation des SDIs, nous trouvons les célèbres benchmarks réalisés par MIT/LL [5] et sponsorisés par DARPA [6] en 1998, 1999 et 2000 [DIE]. Le but de ce travail est de fournir un ensemble significatif de données de test, comprenant un trafic de fond et des activités intrusives. Le trafic de fond est déduit des données statistiques collectées sur le réseau des bases de l'Air Force alors que les attaques sont générées par des scripts créés spécialement, mais aussi par des scripts collectés à travers des sites spécialisés et des listes de diffusion. Plus de 200 instances de 58 attaques sont incluses dans les tests, comprenant des attaques de type : denial of service, remote to local, user to super-user, et surveillance/probing. Ces évaluations mesurent la probabilité de détection de nouvelles attaques et de la probabilité de fausses alarmes pour chaque système testé. L'évaluation faite par MIT/LL a abouti à des benchmarcks incluant plusieurs semaines de trafic normal et intrusif, des fichiers logs des machines, et des centaines d'attaques docu-

---

4. Un système d'exploitation basé sur Unix, développé par IBM.
5. MIT Lincoln Laboratory.
6. Department of Defense, Advanced Research Projects Agency.

mentées. Malgré les nombreuses critiques et faiblesses soulignés dans ces benchmarks [McH00], ils ont été intensivement utilisés par les chercheurs durant cette dernière décennie [WB10]. Ils ont été utilisés pour l'évaluation de plusieurs SDIs commerciaux et également utilisés dans une compétition de fouille de données (KDD99[7]) en 1999.

Plus récemment, de nouveaux travaux de recherche visent à développer des méthodes d'évaluation systématique et plus rigoureuse pour évaluer l'efficacité des mécanismes de protection des systèmes d'information, notamment les SDIs. Dans [GKD08a], les auteurs ont proposé une approche orientée modèle et un outil permettant d'exécuter des évaluations de manière automatique. Cette approche est basée sur une nouvelle classification des activités malveillantes par rapport à la pertinence des rapport des SDIs [GKD08b]. Ce modèle est le résultat de l'analyse d'un grand nombre d'incidents et attaques, recueillies en utilisant des pots de miel (Honeypot[8]). Pour mettre en œuvre cette approche, les auteurs ont conçu un outil d'évaluation flexible basé sur la plate-forme Metasploit[9] qui permet la génération des attaques, ainsi que de trafic de fond.

1.4 Classification des systèmes de détection d'intrusions

Depuis les travaux d'Anderson [And80] et de Ning [Den87], le domaine de la détection d'intrusions est en plein développement. On trouve à l'heure actuelle plusieurs systèmes de détection d'intrusions opérationnels, que ce soit des produits commerciaux ou du domaine public[10]. Il est donc très utile d'utiliser des critères pour classifier ces systèmes de détection d'intrusions,

---

7. http://kdd.ics.uci.edu/databases/kddcup99/kddcup99.html
8. Un pot de miel est un système informatique connecté à Internet et volontairement vulnérable dans le but d'attirer et «piéger» ceux qui tentent de pénétrer dans les systèmes informatiques.
9. http://www.metasploit.com/
10. Dans [GTDVMFV09], les auteurs présentent une liste non exhaustive de plus de 20 SDIs réseaux opérationnels.

c'est ce que nous allons présenter dans cette section.

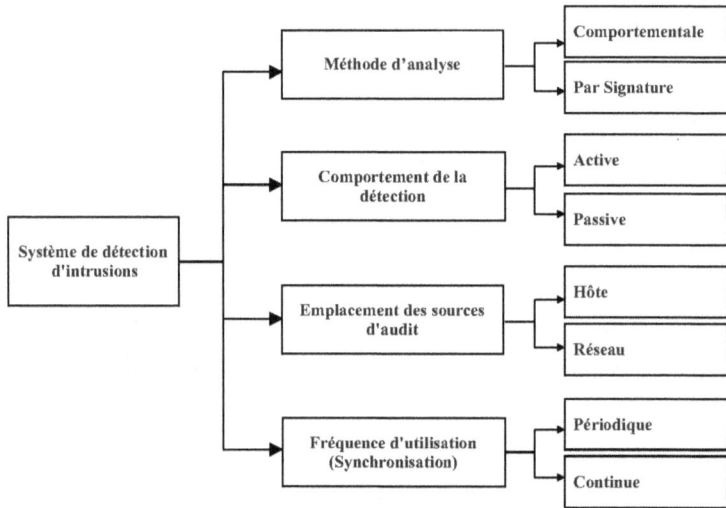

FIGURE 1.2 – *Taxonomie des systèmes de détection d'intrusions [DDW99]*

Il existe plusieurs critères que nous pouvons utiliser pour classifier les différents systèmes de détection d'intrusions [DDW99, BM00], dont les principaux sont résumés dans la Figure 1.2.

1.4.1 Méthode d'analyse

La méthode d'analyse définit l'ensemble des techniques utilisées par les systèmes de détection d'intrusions dans le processus de la détection. L'approche est dite par signature si le détecteur analyse les informations relatives aux attaques, et elle est dite comportementale si le détecteur analyse les informations relatives au comportement normal du système [DDW99]. Dans la première méthode, l'analyse vise à modéliser un comportement connu et qualifié de « mauvais ». Cette technique est utilisée par la plupart des systèmes commerciaux. Dans la deuxième méthode, l'analyse cherche les modèles normaux de l'activité. D'une autre façon, la détection d'abus se base sur les caractéristiques d'une attaque connue pour la détecter. Par contre, la détection d'anomalie se base sur la définition d'un modèle d'utilisation normale pour détecter tout ce qui est anormal. Chaque approche présente des avantages et des inconvénients.

– **Détection par signature (par scénario)** : la détection par signature considère comme normal tout ce qui n'est pas hostile, et elle adopte la politique suivante : « si ce n'est pas dangereux, alors c'est normal ». Donc, il est impératif de disposer d'une base de toutes les attaques connues.

Cette méthode est très efficace pour détecter des attaques sans produire un grand nombre de fausses alarmes. Elle peut rapidement et sûrement diagnostiquer l'utilisation d'un outil spécifique ou une technique d'attaque. Ceci peut aider les responsables de la sécurité à donner la priorité aux mesures correctives.

Cependant, elle peut seulement détecter les attaques connues, dont les signatures sont introduites dans le système, donc le système de détection doit être constamment mis à jour avec les signatures des nouvelles attaques. De plus, beaucoup de systèmes adoptant cette approche sont conçus pour employer un nombre limité de signatures qui peuvent être définies, ce qui les empêchent de détecter les variantes de ces attaques.

– **Détection comportementale (d'anomalie)** : la détection par anomalie consiste à considérer comme hostile tout ce qui n'est pas normal, au sens où on cherchera plutôt à bien définir ce qui est un comportement normal sur le système pour pouvoir y opposer toute déviation, que l'on considérera comme étant une attaque : « si ce n'est pas normal, alors c'est dangereux ». Cette approche comprend donc deux phases :

1. Extraction d'informations sur le système, afin de définir la « normalité ». Deux techniques sont utilisées : les statistiques et l'intel-

ligence artificielle.

2. Établir les limites de la « normalité », au-delà desquelles le comportement est nécessairement anormal.

La détection par anomalie revient donc à repérer tout ce qui sort du cadre de la normalité. L'avantages de la détection d'anomalie est la capacité à détecter le comportement peu commun. Elle a ainsi la capacité de détecter les symptômes des attaques connues et inconnues sans la connaissance spécifique des détails. De plus, cette approche permet de produire l'information utile pour la définition des signatures pour les systèmes de détection d'intrusions à base de signatures.

Cependant, l'inconvénient de cette approche est le grand nombre de fausses alarmes dues aux comportements imprévisibles des utilisateurs du réseau. Elle exige souvent l'historique à long terme des événements enregistrés afin de caractériser les modèles normaux de comportement. Les systèmes basés sur cette approche doivent être dotés d'une certaine intelligence pour raison d'apprentissage automatique de la normalité.

1.4.2   Comportement de la détection (la réponse)

Le comportement de la détection décrit la réponse du système de détection d'intrusions à une attaque. Elle est qualifiée d'active, si le détecteur réagit activement par des actions correctives, ou pro-actives (changer les règles de filtrage du pare-feu, arrêter des connexions TCP, ou encore attaquer l'attaquant, etc.) [11]. Si le système de détection d'intrusions génère simplement des alarmes (afficher un message sur l'écran, générer un son spécifique, envoi d'un e-mail, archivage dans un fichier ou dans une base de données, etc.), la réponse est qualifiée de passive.

---

11. Les SDIs adoptant des réactions proactives sont appelés IPS (Inrusion Prevention Systems) [SM07]

– **Réponses actives :** les réponses actives des SDIs sont des actions automatisées prises quand certains types d'intrusions sont détectés. Il y a trois catégories de réponses actives :

1. Rassembler des informations additionnelles : il est très important de rassembler des informations additionnelles sur une attaque afin de l'identifier avec précision. Cela nécessite l'utilisation des pots de miel qui permettent de tromper les attaquants en les redirigeant vers des systèmes piégés (une émulation du vrai système), qui rapportent toutes l'activité de l'attaquant sans mettre en danger le vrai système d'information.

2. Changer l'environnement : une autre réponse active doit stopper une attaque en progression et puis bloquer l'accès de l'attaquant. Typiquement, les SDIs n'ont pas les capacités de bloquer l'accès d'une personne spécifique, mais ils peuvent uniquement rompre des connexions ou bloquer certains paquets spécifiques en s'appuyant sur les mécanismes des protocoles Internet, cela est dû à la capacité d'un attaquant expert à construire des paquets falsifiés. Parmi ces actions nous trouvons : l'envoi des paquets TCP de type Reset ou des paquets ICMP au système de l'attaquant pour arrêter la connexion. La configuration des routeurs et des pare-feu pour bloquer les paquets provenant de l'adresse IP de l'attaquant. La configuration des routeurs et des pare-feu pour bloquer les paquets selon le numéro de port, le protocole, ou le service utilisé par l'attaquant.

3. Agir contre l'intrus : la première option dans la réponse active est d'agir contre l'intrus. En effet, la forme la plus agressive de cette réponse implique le lancement des contre-attaques ou d'essayer d'obtenir activement les informations sur l'hôte ou l'emplacement de l'attaquant. Cependant, à cause des ambiguïtés légales liées à la

responsabilité civile, cette option peut représenter un grand risque qu'une contre-attaque réussie. La première question concernant le choix de cette option, même avec beaucoup d'attention est : « est ce que notre action peut être illégale ? ». Beaucoup d'attaquants emploient de fausses adresses réseaux quand ils attaquent les systèmes, ce qui peut engendrer l'endommagement des sites Internet des utilisateurs innocents. En conclusion, il faut prendre ces actions avec plus de prudence.

- **Réponses passives :** les réponses passives des SDIs fournissent l'information nécessaire aux administrateurs réseau et aux responsables de la sécurité pour les aider à prendre des mesures basées sur cette information. Beaucoup de SDIs se fondent seulement sur des réponses passives dont les principales sont :

  - Alarme : les alarmes sont produites par les SDIs pour informer les administrateurs réseau lorsque des attaques sont détectées. La forme la plus commune est d'afficher un message d'alerte contenant des informations détaillées de l'intrusion détectée sur la console du responsable de la sécurité. Une autre option très utile consiste à envoyer ces alertes au téléphone du responsable, on peut aussi envoyer des e-mails, ou générer des alertes sonores.

  - SNMP Trap : certains SDIs sont conçus pour produire des alertes et envoyer les rapports au système de gestion de réseau (network management system). Ils utilisent le protocole SNMP (Simple Network Management Protocol), qui est un protocole dédié à la gestion du réseau.

  - Archivage : l'archivage (logging) permet aux opérateurs de sécurité de faire des analyses approfondies, et de faire des corrélations avec l'historique dont ils disposent concernant les événements qui se sont produits auparavant.

1.4.3 Emplacement des sources d'audit

La manière la plus connue pour classifier les SDIs est de les grouper par sources d'informations (sondes). Certains SDIs analysent les paquets capturés à partir du réseau, en plaçant des « sniffers » sur les différents segments du réseau local. D'autres SDIs analysent des informations produites par le système d'exploitation ou par des applications pour la recherche des signes d'intrusions.

– **SDI-R (SDI basé réseau) :** ces outils analysent le trafic réseau. Ils comportent généralement une sonde qui écoute sur le segment du réseau à surveiller et un moteur qui réalise l'analyse du trafic afin de détecter les signatures d'attaques. Les SDIs réseau à base de signatures sont confrontés actuellement à deux problèmes majeurs qui sont : l'utilisation grandissante de la cryptographie et les réseaux commutés. En effet, d'une part, la cryptographie rend l'analyse du contenu des paquets presque impossible, d'autre part il est plus difficile d'écouter sur les réseaux commutés. La plupart des SDIs réseau sont aussi dits SDI on-line car ils analysent le flux en temps réel. Pour cette raison, la question des performances est très importante. De tels SDIs doivent être de plus en plus performants afin d'analyser les volumes de données de plus en plus importants pouvant transiter sur les réseaux.

– **SDI-H (SDI basé hôte) :** les SDIs de ce type analysent le fonctionnement et l'état des machines sur lesquelles ils sont installés afin de détecter les attaques. Pour cela, ils ont pour mission l'analyse des journaux système (logs), le contrôle d'accès aux appels systèmes, la vérification de l'intégrité des systèmes de fichiers, etc. Ils sont très dépendants du système sur lequel ils sont installés. Il faut donc employer des outils spécifiques en fonction des systèmes déployés. Ces SDIs peuvent s'appuyer sur des fonctionnalités d'audit propres ou non au système d'exploitation, pour en vérifier l'intégrité, et générer des alertes. Il faut cependant noter qu'ils sont incapables de détecter les attaques exploitant les faiblesses de la pile TCP/IP du système, en particulièr, les Dénis de Service.

– **SDI d'application :** similaires aux SDIs-H, ils sont installés sur un serveur ou une machine pour détecter les attaques relatives à une application donnée. Par exemple, un SDI installé sur un serveur Oracle pour détecter les intrusions relatives à Oracle.

– **SDI hybrides :** les SDI hybrides rassemblent les caractéristiques de plusieurs SDI différents. En pratique, on ne retrouve que la combinaison de SDI-R et SDI-H. Ils permettent, en un seul outil, de surveiller le réseau et l'hôte. Les sondes sont placées dans des points stratégiques, et agissent comme SDI-R et/ou SDI-H suivant leurs emplacements. Toutes ces sondes remontent alors les alertes à une machine qui va centraliser, agréger, et lier les informations d'origines multiples.

1.4.4   Fréquence d'utilisation (synchronisation)

La synchronisation se rapporte au temps écoulé entre les événements qui sont surveillés et l'analyse de ces événements. Elle est réalisée en temps réel ou différé.

– **En temps différé (Périodique) :** dans cette classe, le flux d'informations émanant des points de surveillance vers les détecteurs n'est pas continu. En effet, l'information est traitée dans un mode semblable au principe « emmagasiner et expédier ». Cette approche est employée surtout dans les SDIs-H qui scrutent les logs du système d'exploitation dans des intervalles de temps réguliers.

– **En temps réel (Continu) :** les SDIs en temps réel traitent des flux continus d'informations à partir des différentes sources d'informations. C'est la technique prédominante de synchronisation pour les SDIs réseau, qui recueillent l'information du trafic réseau. Par conséquent les SDIs peuvent prendre des actions pour affecter la progression d'une attaque détectée.

1.4.5 Architecture

L'architecture des SDIs se rapporte à la manière d'ajuster leurs composants architecturaux. Les composants architecturaux de base sont l'hôte où le SDI s'exécute et la cible, qu'il soit hôte ou réseau que le SDI doit protéger. Les principales architectures types sont :

- **Cohabitation de la cible et l'hôte :** les premiers SDIs fonctionnaient sur les systèmes qu'ils étaient sensés protégés. Ceci était dû au fait que la plupart des systèmes étaient des systèmes centraux (mainframe), et le coût élevé des ordinateurs faisait d'une architecture séparée un mauvais choix. Ceci présente un problème du point de vue de la sécurité. En effet, n'importe quel attaquant qui réussit une attaque sur le système peut neutraliser le SDI, étant donné que l'emplacement de ce dernier est connu.

- **Séparation entre la cible et l'hôte :** avec l'arrivée des postes de travail et des ordinateurs individuels, la plupart des architectures des SDIs ont orienté les systèmes d'analyse et de commande vers un système séparé, par conséquent, séparant la machine du SDI et de la cible. Ceci a amélioré la sécurité des SDIs parce qu'il est devenu plus facile de cacher leurs existences.

1.4.6 Stratégie de contrôle

La stratégie de contrôle décrit comment les éléments du SDI sont commandés et comment les entrées et les sorties du SDI sont contrôlées. Elle peut être : centralisée, partiellement distribuée, ou entièrement distribuée.

– **Centralisée :** la stratégie centralisée consiste à commander à partir d'une console centrale la surveillance, la détection et l'audit. Dans cette stratégie, il y a une seule console de commande. À partir de laquelle on communique avec les différents systèmes de surveillance : réseau (SDIs-R), hôte (SDIs-H) et SDIs d'applications. S'il y a des indices d'intrusions, on lance des commandes pour changer les règles de sécurité au niveau des pare-feux et routeurs.

– **Partiellement distribuée :** la surveillance et la détection sont commandées à partir d'un nœud local de commande, avec un système hiérarchique d'audit. Dans ce cas de figure, nous trouvons dans chaque sous réseau une console qui fournit des rapports à la console de niveau supérieur, à partir de laquelle les actions sont prises. Si l'entreprise comporte des réseaux géographiquement séparés, un système indépendant est mis en œuvre pour la surveillance, la détection, et la réaction. La console principale a comme rôle de commander les différents SDIs de l'entreprise.

– **Entièrement distribuée** La surveillance et la détection sont réalisées en utilisant une approche basée sur des agents, où les décisions de réponse sont prises au lieu où l'analyse s'effectue (SDIs autonomes).

1.5   Limites, problèmes et défis

1.5.1   Limites des systèmes de détection d'intrusions

Parmi tous les événements qu'un système de détection d'intrusions peut observer, les événements remarquables [12] sont ceux qui peuvent engendrer des alertes. Trois points sont à prendre en compte au sujet des événements remarquables dans la détection des intrusions :

---

12. Des événements contenant des traces d'intrusions.

- Le rapport entre le nombre de fausses alarmes et les attaques non détectées.
- La cible telle qu'elle a été donnée au détecteur en fonction des événements remarquables à relever.
- Les limites du système quant à ses possibilités en matière de détection.

Il est important de savoir clairement ce que l'on cherche et quels sont les
événements à relever, car il n'est pas possible de tout collecter.

Limite d'observation des événements

Le détecteur d'événements n'a pas la capacité d'observer tous les événements. En effet, certains événements ne peuvent pas être observés tels que :
- Des événements sur un autre réseau : l'existence d'une connexion dé-
robée (Backdoor) sur un autre réseau est une choses très habituelle .
- Le détecteur est en panne : la panne peut être totale ou partielle (le
détecteur répond au Ping, mais ne fonctionne pas). Une bonne mesure
consiste à réamorcer le système de temps en temps.
- Protocole non décodé : les événements dans un protocole que le système de détection ne peut pas décoder sont inobservables (IPX/SPX de
Novell ou SNA d'IBM).
- Atteinte de la capacité maximale du détecteur : les événements qui se
produisent au-delà de la capacité maximale du détecteur ne peuvent pas
être observés.

Limites des méthodes d'analyse par signatures

Rappelons que le SDI par signatures ne peuvent détecter que les attaques
inscrites dans la base de signatures. Nous pouvons donc dire que les attaques
qui seront détectées par un SDI seront en pratique celles générées par des
outils connus. De ce fait, un attaquant compétent qui créera sa propre attaque

courra fort peu de risques d'être détecté par les SDI.

De plus, il est souvent difficile de déterminer une signature précise à inclure dans la base de signatures. En effet, une signature trop complexe pourra facilement être contournée par l'attaquant. Supposons qu'une attaque précise, qui pourra être décomposée en quatre phases distinctes : A, B, C et D. Remarquons que ces différentes phases pourront représenter des commandes (d'un protocole comme FTP par exemple), des octets (résultant d'une saisie via un protocole comme Telnet), ou encore des instructions d'un exploit (via un langage comme l'assembleur). Si la signature détectée par un SDI nécessite la détection de ces trois phases dans cet ordre précis, et que cet ordre peut être inversé, l'attaquant peut contourner facilement la détection du SDI. Ainsi, l'application d'un ré-ordonnancement, de manière à envoyer la séquence B A C D, passera inaperçue.

Limites liées au facteur humain

Une partie des limites de la détection d'intrusions incombe au responsable chargé de la détection des intrusions. Parfois un analyste évalue une tentative d'intrusions et décide qu'il n'est pas nécessaire d'enquêter sur celle-ci. Bien sûr, il lui arrive de se tromper. Les raisons à cela sont plusieurs :

– Le manquement à rapporter ce que le SDI détecte,
– L'insuffisance en formation pour mettre à jour de nouveaux modèles d'attaques,
– Le manque de confiance dans le SDI lui-même.

1.5.2 Problèmes des systèmes de détection d'intrusions

En plus des limites des capacités de la détection d'intrusions, les SDIs souffrent aussi de plusieurs problèmes techniques et surtout sécuritaires.

Sécurité des systèmes de détection d'intrusions réseaux

Il est extrêmement important d'assurer la sécurité des différents composants du modèle CIDF [13]. Par exemple, si l'attaquant peut empêcher un E-Box (le composant de capture d'événements) de capturer les paquets, corrompre les données mémorisées par un éventuel S-Box (le composant de sauvegarde d'événements), ou encore empêcher les communications entre les divers composants, on comprendra que le SDI n'a alors plus aucune utilité, et peut même se révéler dangereux, de par le faux sentiment de sécurité qu'il peut entraîner. De façon plus vicieuse, on peut aussi envisager la falsification de certaines attaques, de manière à entraîner une réaction abusive et automatique de la part d'un C-Box (le composant de réaction aux attaques) contre une source tout à fait légitime. Ainsi, si un attaquant utilise l'adresse d'un serveur DNS ou d'un autre composant indispensable au fonctionnement du réseau, le C-Box va réagir à cette attaque contre une source innocente.

Problèmes associés à la capture et à la recomposition des trames

Lorsqu'un SDI est implémenté au niveau le plus bas (hardware), nous pouvons dire sans grande crainte qu'il est très difficile à contourner. Cependant, plus les paquets subiront des interprétations et des mécanismes de recomposition, plus, certaines failles risqueront d'apparaître, qui permettront ainsi de contourner beaucoup plus aisément le SDI. Un critère souvent annoncé par les concepteurs des SDI est la capacité de leur produit en Mbits/s. Celle-ci n'apporte pas beaucoup de garantie : nous venons de mentionner que ce sont les différents mécanismes d'interprétation et de recomposition qui ont une importance capitale par la suite. Or ces mécanismes sont appliqués aux paquets, et non pas à des quantités de données fixées. Par exemple, nous pouvons facilement nous rendre compte qu'une trame Ethernet classique de

---

13. Le modèle CIDF est présenté dans la section 2.2.1.

1500 octets contenant des données risque d'être beaucoup plus rapidement interprétée qu'une séquence de petits fragments IP de 8 octets à ré-assembler et réordonner. Il serait donc beaucoup plus logique d'exprimer les capacités des SDI en paquets/s.

Insertions TCP/IP

Une des méthodes principales utilisées par les attaquants consiste à tenter d'envoyer des données TCP/IP qui seront interprétées par le SDI, mais rejetées par la cible. On parle d'attaques d'insertion. De façon générale, ces attaques apparaissent quand le SDI est moins strict dans son interprétation du trafic que ne l'est le système cible, ce qui est souvent le cas. Pour contourner ce problème, on tente alors de rendre le SDI plus strict, ce qui permet malheureusement l'utilisation d'une autre catégorie d'attaques : les attaques d'évasion. Citons un exemple simple et général : un SDI qui n'effectue pas par exemple de vérification des sommes de contrôle des différents protocoles serait facilement victime d'une tentative triviale d'insertion, si on lui envoie simplement des données tout à fait hors de contexte avec une somme de contrôle erronée. Celles-ci seront rejetées directement par la couche TCP/IP de la machine cible, tandis que le SDI les interpréterait tout à fait normalement.

Évasions TCP/IP

Une autre attaque possible consiste à effectuer l'opération contraire de l'insertion, c'est à dire à s'arranger pour que le SDI rejette du trafic qui sera cependant interprété par la couche TCP/IP de la machine cible. On parle alors de techniques d'évasion. Pour éviter ces attaques, il faut alors rendre le SDI moins strict, ce qui risque de le rendre à nouveau vulnérable à des tentatives d'insertion. Notons qu'en pratique, l'insertion d'un seul paquet peut parfois initier une attaque d'évasion de longue durée. Pour citer un exemple concret, supposons un SDI qui ne vérifie pas le numéro de séquence associé à un segment RST dans une connexion TCP : il suffit alors d'insérer un segment RST avec un numéro de séquence tout à fait erroné, qui terminera ainsi la connexion du point de vue du SDI-R, et entraînera donc le rejet de futurs paquets, tandis que la connexion réelle vers la machine cible sera elle cependant toujours bien existante (le numéro de séquence étant erroné), et acceptera donc sans aucun problème ces futurs paquets. Nous parlons alors de techniques de «désynchronisation».

Enfin, il peut aussi être intéressant de déterminer avec exactitude si un SDI recherche toutes les signatures dont il dispose dans un paquet donné, ou s'il arrête la recherche dès qu'une seule signature précise est trouvée. Cet abandon de la recherche peut évidemment accélérer davantage le travail du SDI, mais permettra aussi à un attaquant de contourner aisément celui-ci, en faisant précéder son attaque réelle d'une fausse signature, qui servira à terminer la recherche.

Dénis de service

Nous pouvons enfin répertorier une dernière forme d'attaque, d'ailleurs loin d'être uniquement dirigée contre les SDIs-R : les DoS (Denial of Services). Dans le cas des SDIs réseau, on assistera principalement à des tentatives visant à épuiser les ressources «physiques» dont celui-ci dispose, dans le but de neutraliser le SDI-R, et donc empêcher totalement la détection d'intrusions. Ces ressources peuvent être de plusieurs types : processeur, mémoire, bande passante et ressources de stockage. Les tentatives seront largement facilitées par le fait que le SDI-R doit maintenir une énorme quantité d'informations à jour (paquets, adresses sources, connexions, etc.) et continuellement traiter celles-ci (gestion de la fragmentation ou de la segmentation, recherche de signatures, etc.). De plus, l'effet d'un DoS sera vite amplifié, car le SDI-R devra réaliser ces opérations pour tout le trafic à destination de n'importe quelle machine du réseau, ce qui représente souvent une tâche considérable.

Concernant les ressources processeur, il sera par exemple assez aisé pour un attaquant de déterminer quels sont les paquets nécessitant le plus de traitements. Ainsi, un paquet extrêmement fragmenté nécessite un temps de traitement beaucoup plus long lors de la recomposition qu'un paquet normal non fragmenté.

Au niveau des ressources mémoire, il importe aussi que le SDI-R réalise une gestion raisonnable des différentes informations qu'il doit conserver. Ainsi, le SDI-R devra par exemple conserver les différents fragments d'un paquet IP qui n'aurait pas encore été recomposé, mais aussi mémoriser l'état des nombreuses connexions TCP observées sur le réseau. Ces structures d'informations seront habituellement libérées automatiquement après un certain délai d'inactivité. Il conviendra donc de choisir avec précaution ce délai d'attente (time-out), pour éviter qu'il ne soit ni trop court (et entraîner alors l'arrêt d'une observation beaucoup trop rapidement) ni trop long (et nécessiter alors une énorme quantité de mémoire pour fonctionner).

1.5.3   Défis des systèmes de détection d'intrusions

En plus des problèmes et limites traditionnels de la détection d'intrusions, plusieurs autres exigences de base font l'objet des travaux de recherche actuels tel que : la vitesse, la précision et l'adaptabilité. Le problème de la vitesse est un problème de qualité de service. De nos jours, on trouve des réseaux haut-débit allant jusqu'à plusieurs Gigabit par seconde, alors que la plupart des SDIs sont conçus pour fonctionner sur des réseaux à $10/100$ mégabit par seconde. De ce fait, pour que les détecteurs actuels réalisent une analyse plus précise ils doivent consommer plus de mémoire et plus du temps et nécessitent des quantités d'informations plus importantes. En outre, l'augmentation croissante de nouvelles attaques et leur propagation rapide exige que les détecteurs se basent sur des architectures plus souples et évolutives [KG03].

Un système de détection d'intrusions devient plus précis quand il détecte plus d'attaques et génère moins de fausses alarmes. Un SDI qui surveille un environnement hautement actif est susceptible d'avoir de grandes quantités de traces d'audit (Log), ce qui peut compliquer la tache d'analyse. Si un tel SDI a un taux élevé de fausses alarmes, l'administrateur devra fouiller à travers des milliers d'entrées dans le journal d'audit, qui représentent en réalité des événements normaux, pour trouver les entrées liées aux attaques. Par conséquent, l'augmentation des taux de fausses alarmes diminue la confiance accordée par l'administrateur au SDI.

En outre, les systèmes de détection d'intrusions ne sont pas complètement autonomes, l'opérateur humain intervient toujours pour maintenir l'exactitude du système. Dans le cas d'un SDI basé sur les signatures, quand de nouvelles attaques sont découvertes, les experts en sécurité doivent les examiner et créer les signatures de détection correspondantes. Dans le cas des SDIs basés sur l'analyse de comportement, les experts sont nécessaires pour définir le comportement normal. Cela nuit à la capacité d'adaptation. La capacité d'adaptation des SDIs actuels est très limitée [WB10]. Cela les rend inefficaces dans la détection de nouvelles attaques ou dans l'adaptation à des environnements changeants, car l'intervention humaine est toujours nécessaire. Notons que ces dernière années, un domaine de recherche très promoteur, relevant de l'intelligence artificielle et se basant sur l'intégration des algorithmes d'apprentissage offre une solution potentielle pour la précision et l'adaptabilité de la détection d'intrusions.

Un autre défis, en relation avec les nouvelles technologies, est l'utilisation de la cryptographie dans les réseaux sans fil [GTDVMFV09]. En effet, ceci est un problème ouvert pour tous les SDIs. Dans le cas d'une architecture centralisée, la détection d'intrusion peut être déployée dans la station de base. Cependant, dans une architecture ad hoc, une solution de détection d'intrusions distribuée est indispensable.

Conclusion

Ces dernières années, les systèmes de détection d'intrusions ont gagné une place importante dans la conception de la sécurité des systèmes d'information. Ils sont largement déployés dans les entreprises pour diverses raisons telles que : la documentation des attaques, l'évaluation de la sécurité, et plus généralement la surveillance des systèmes d'information pour arrêter les attaques afin de limiter les dégâts. Les systèmes de détection d'intrusions se caractérisent principalement par :

– La méthode de détection, on distingue deux principales méthodes : la détection par signatures et la détection d'anomalie. Ces deux méthodes présentent des avantages et des inconvénients,

– Les sources d'information, qui peuvent être : le réseau, l'hôte et les applications,

– Le comportement de la détection, qui peut être passif ou actif,

– La synchronisation entre les sources et le détecteur, qui peut être périodique ou continue pour les SDIs temps réel.

Les premiers systèmes de détection d'intrusions fonctionnaient indépendamment les uns des autres sans problèmes, parce que les environnements étaient relativement simples. Actuellement, les systèmes sont devenus plus complexes avec une très forte connectivité, que se soit localement dans des grands réseaux locaux ou métropolitains, ou vers des réseaux plus grands tels que l'Internet. Cet environnement plus complexe a créé très naturellement le besoin de communication et d'interopérabilité. Dans le chapitre suivante nous allons voir plus en détails les efforts faits pour offrir un standard d'interopérabilité et de coopération entre les SDIs.

Enfin, notons que les systèmes de détection d'intrusions ne sont pas la solution miracle, ils possèdent beaucoup de limites et problèmes liés à plusieurs facteurs tels que : l'observation des événements, le facteur humain, et les attaques par déni de service. Cependant, ils représentent des outils très efficaces s'ils sont déployés dans une bonne architecture de la sécurité impliquant plusieurs outils.

Chapitre 2

Agrégation et corrélation d'alertes

2.1 Introduction

Ces dernières années, l'utilisation intensive des systèmes de détection d'intrusions a mis en évidence le problème de la gestion d'un flux important d'alertes générées par ces systèmes. De plus, la majorité des systèmes de détection d'intrusions utilisent leur propre format d'alerte, ce qui a rendu difficile la construction d'une image globale à partir de l'analyse des alertes provenant de plusieurs détecteurs hétérogènes. Pour toutes ces raisons, le problème des systèmes de détection d'intrusions est : « d'être capable d'analyser et de réagir devant un énorme volume d'alertes, générées dans des formats différents, et avec un taux de fausses alertes très élevé ».

Devant un environnement de détection d'intrusions caractérisé par un taux de détection très faible, un taux très élevé de fausses alertes, et une granularité de l'information contenue dans les alertes très faible et qui diffère d'un détecteur à un autre, un énorme effort a été fourni par la communauté de la détection d'intrusions pour la standardisation des formats d'alertes générées par les systèmes de détection d'intrusions, ce qui a permis d'offrir un espace de communication plus ouvert entre les outils de sécurité.

Dans ce chapitre, nous présentons les efforts de standardisation faits dans le domaine de l'interopérabilité entre plusieurs systèmes de détection d'intrusions. Ensuite, nous étudions un certain nombre, non exhaustif, de méthodes et techniques utilisées dans la corrélation d'alertes générées par des sources différentes.

2.2 Interopérabilité entre plusieurs systèmes de détection d'intrusions

Dans les grands réseaux, plusieurs systèmes de détection d'intrusions et d'autres activités d'audit de plusieurs propriétaires existent et continuent à

exister. Un modèle de données standard pour la représentation des événements et des attaques se produisant dans ces réseaux s'avère nécessaire pour
la corrélation des alertes générées par des sources hétérogènes.

En 1997, DARPA [1] a initié le projet de recherche CIDF (Common Intrusion Detection Framework) dans le but de coordonner les différents projets
financés par DARPA et assurer l'interopérabilité entre les outils qui en ré-
sultent [ACF+00]. Les développeurs de ce projet ont mis en place un modèle permettant l'interopérabilité entre les différents composants d'un système de détection d'intrusions. Cet effort a été complété par le langage CISL
(Common Intrusion Specification Language) qui assure la représentation et
la communication des données entre ces composants. Malgré la puissance du
langage CISL, ce dernier n'a pas été adopté par la plupart des industriels, ce
qui a mis fin au projet en 1999.

L'échec du CIDF a motivé la création du groupe de travail IDWG [2] dans
l'IETF [3], avec la participation de plusieurs chercheurs du CIDF. L'objectif de
ce groupe est la définition d'un format de données et des procédures pour le
partage des informations entre : les systèmes de détection d'intrusions, les
systèmes de réponses (CERT : Center Engineering Response Team), et les
consoles de gestion. Contrairement au CIDF qui restait un simple projet de
recherche, l'IDWG a essayé de proposer des standards pour l'interopérabilité
entre les systèmes de détection d'intrusions. Une des ses propositions est le
modèle IDMEF (Intrusion Detection Message Exchange Format) [DCF07],
qui est un modèle de données utilisé pour reporter les alertes. Ce modèle est
conçu en orienté objet et implémenté en XML, ce qui a facilité son adoption
à la fois par les industriels et le monde académique.

Une autre proposition, est le protocole IDXP (Intrusion Detection eX-

---

1. Defense Advanced Research Projects Agency, USA.
2. Intrusion Detection Working Group, http://www.ietf.org/old/2009/ids.by.
wg/idwg.html
3. Internet Engineering Task Force, http://www.ietf.org/

change Protocol), qui est un protocole de niveau application développé pour l'échange sécurisé des messages IDMEF. Il est implémenté en partie comme un BEEP (Blocks Extensible Exchange Protocol). Ce protocole permet l'utilisation de l'authentification, la confidentialité et le Tunnel pour le Firewall.

2.2.1 Modèle CIDF

Le modèle CIDF [SCTP$^+$98] a été établi dans le but de préciser les différents composants formant un SDI classique, ainsi que les interactions qui apparaissent entre ces composants. Nous observons ainsi quatre composants (voir la Figure 2.1) :

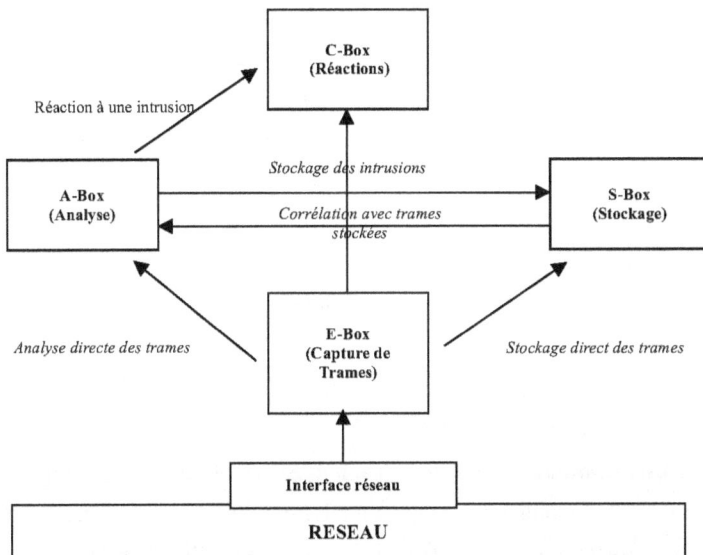

FIGURE 2.1 – *Modèle CIDF*

– **E-Box (générateur d'événements)** : son but est de fournir des événements aux autres composants. Un événement peut être représenté par un paquet particulier, par une séquence de plusieurs trames, ou carrément par un flux continu de données (pour représenter par exemple une connexion TCP). Une information temporelle (la date et l'heure de capture de ces trames) est souvent associée à ces événements. Un E-Box représente donc le point de contact entre le SDI-R et le réseau qu'il est censé surveiller.

En pratique, un E-Box pourrait par exemple être un sniffer classique. À l'origine, d'ailleurs, les premiers SDI-R étaient uniquement composés de sniffer. Mentionnons qu'un E-Box pourra en outre déjà réaliser certains filtrages via des filtres tels que BPF (Berkley Packet Filter), pour n'observer par exemple qu'une partie du trafic, à destination d'un serveur donné, ou encore destiné à une portion précise du réseau. En outre, un SDI-R complet peut bien évidemment comporter plusieurs E-Box, qui seront alors placés à des endroits stratégiques du réseau.

– **S-Box (mécanisme de stockage) :** une fois les données capturées, une analyse brutale en temps réel n'est probablement pas la meilleure solution. Ces données peuvent être archivées, dans un format précis, via un dispositif de stockage. Cet emplacement de stockage peut aussi bien être un fichier contenant les trames brutes capturées du réseau, qu'une base de données SQL dans laquelle les champs de ces trames seront encodés. De nouveau, plusieurs S-Box peuvent être utilisés en parallèle, de façons complémentaires (distribution des données) ou redondantes (pour en assurer la sécurité).

– **A-Box (moteur d'analyse) :** les données étant disponibles sous forme brute, il est maintenant temps d'analyser celles-ci, de manière à rechercher effectivement des tentatives d'intrusions. C'est le rôle précis d'un A-Box. Notons principalement qu'un A-Box peut travailler sur les données fournies par les E-Box (analyse en temps réel), sur les données fournies par les S-Box (analyse différée), ou encore sur les données des deux composants avec une corrélation entre données obtenues et données déjà mémorisées. Enfin, les résultats de cette analyse, peuvent à leur tour être journalisés dans un S-Box, ou simplement affichés sur une console, à disposition de l'analyste.

- **C-Box (contre-mesures)** : une fois l'intrusion détectée, des réactions peuvent être envisagées. Celles-ci peuvent aller de la fermeture d'une connexion TCP en générant des paquets rst [4], à la modification de règles de filtrage directement sur un pare-feu/routeur. Notons qu'un C-Box n'est pas nécessaire au fonctionnement correct d'un SDI-R, et dans certains cas extrêmes, peut même nuire à son fonctionnement. C'est pourquoi un C-Box fonctionne pas toujours de manière automatisée (l'accord d'une personne est exigé avant l'application de toute mesure défensive).

De plus, le CIDF définit les moyens de communication entre les différents composants (Boxes), incluant CISL (Common Intrusion Detection Language), GIDO (Generalized Intrusion Detection Objects), et une interface de programmation (API). En théorie, ceci signifie que les E-Boxes des vendeurs A, B, et C doivent être capables d'émettre des événements à une A-Box d'un vendeur D. Cependant, dans la pratique, le déploiement de différents SDIs ensemble est un problème très difficile à résoudre.

En plus du CIDF, il existe d'autres travaux de standardisation liés au domaine de la détection d'intrusions tels que : IDMEF, IDIP, SASL, et IDXP. Particulièrement, le modèle IDMEF (Intrusion Detection Message Exchange Format) sera présenté dans la section suivante comme un format standard, pour normaliser les messages d'alertes des SDIs.

2.2.2 Modèle IDMEF

Le standard IDMEF, résumé dans la Figure 2.2, est un modèle de données développé par l'IETF dans l'objectif de permettre aux différents outils par-

---

4. Des paquets TCP avec le drapeau rst (reset) mis à 1, ce qui signifie la fin de connexion.

ticipants à la détection d'intrusions de reporter les événements qu'ils jugent suspicieux sous un même format. Ce standard permet l'interopérabilité entre des systèmes : commerciaux, ouverts et de recherche, ce qui permettra aux utilisateurs de mieux déployer ces systèmes selon leurs points forts et faibles, pour optimiser leur implémentation. Le standard IDMEF a été développé pour résoudre principalement les problèmes suivants [DCF07] :

- La granularité des informations contenues dans les alertes diffère d'un système à un autre. Certaines alertes (d'un SDI donné) contiennent très peu d'information tels que : la source, la destination et le temps, alors que d'autres offrent plus d'information tels que : le service, l'utilisateur, le processus, etc.

- Les environnements de la détection sont différents, certains détecteurs utilisent l'analyse de trafic réseau, d'autres utilisent les Logs système et l'audit des applications.

- Les capacités des détecteurs sont différentes, elles dépendent de leur environnement, les détecteurs peuvent donner peu d'information dans les alertes ou des alertes plus détaillées.

D'après les problèmes cités précédemment, le modèle de données doit être suffisamment flexible pour supporter les différences d'information des différents types d'alertes. Pour cette raison le modèle est conçu par une approche orienté objet et implémenté en XML.

Déploiement de l'IDMEF

Le meilleur déploiement du modèle IDMEF est sous forme d'une ligne de communication entre les détecteurs et la console de gestion des alertes, mais il peut être également utilisé comme :

- Un système d'archivage des alertes générées par une variété de détecteurs, pour une analyse ultérieure,

- Un système de corrélation des événements qui permet d'effectuer cer-

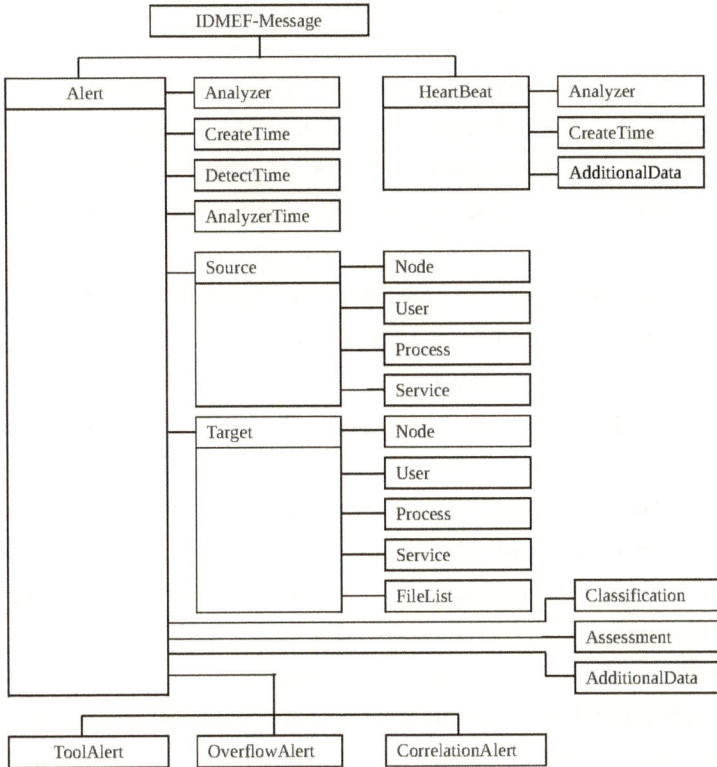

FIGURE 2.2 – *Modèle IDMEF*

tains mécanismes de corrélation sur les alertes collectées par les différents détecteurs, pour ensuite générer des alertes plus complètes et globales,

– Une interface graphique qui permet la visualisation en temps réel des événements reportés par les différents détecteurs,

– Un format de données commun qui facilite la communication entre : utilisateur, vendeur, groupe de réponse, etc.

2.2.3 Détection d'intrusions coopérative

Dès le début des années 2000, plusieurs études sur les systèmes de détection d'intrusions ont confirmé que l'un des grands problèmes des systèmes de détection d'intrusions est le taux très élevé de fausses alertes [ACF$^+$00]. Les fausses alertes consomment du temps d'analyse, et elles peuvent faire dévier accidentellement les intentions sur les vraies attaques. Tout simplement, un nombre très élevé de fausses alertes peut gêner les opérateurs de sécurité au point d'ignorer tous les messages d'avertissements.

Pour améliorer le taux de détection et diminuer l'impact des fausses alertes, il est nécessaire de faire coopérer un ensemble de SDIs. Plus précisément, il s'agit de raisonner sur les alertes générées par un ensemble de sondes distribuées dans le système d'information surveillé. Un Système de Détection d'Intrusions Coopérative (SDIC) est composé d'un ensemble de sondes et d'une unité de corrélation d'alertes. Un SDIC a l'avantage de détecter les attaques survenant sur tout le système surveillé en corrélant les événements provenant de différents composant (application, hôte, sous réseaux, etc.). Un tel système a également l'avantage de réduire les coûts en partageant les ressources entre les sondes. Cependant, les SDICs ont mis en évidence plusieurs nouveaux défis tels que [ZLK10] :

- *Architecture du SDIC* : l'architecture détermine comment les alertes sont collectées à partir des sondes et comment elles seront traitées. Elle détermine aussi où placer les sondes et l'unité de corrélation d'alertes.
- *Corrélation d'alertes* : c'est la fonction principale d'un SDIC. Le taux de détection du SDIC dépends de la méthode de corrélation utilisée.
- *Confidentialité des données* : si la confidentialité des données n'est pas garantie dans un SDIC, les sondes ne partagerons pas les informations entre eux.
- *Sécurité du SDIC* : l'exactitude de la détection d'un SDIC dépends im-

pérativement du fait que les alertes arrivent d'une manière sécurisée à l'unité de corrélation.

Plusieurs SDIC ont été proposés dans la littérature [ZLK10]. Ces systèmes sont basés sur trois principale architectures : 1) architecture centralisée, où toutes les alertes sont collectées et traitées dans une seule unité centrale ; 2) une architecture hiérarchique où les alertes sont traitée d'abord localement, et ensuite transférées à un niveau supérieur pour des traitements supplémentaires ; 3) une architecture distribuée où les alertes sont partagées et traitées d'une manière complètement distribuée.

Les SDIC centralisés représentent les premières solutions proposées pour la détection d'intrusions coopérative. Parmi ces systèmes, on peut citer DIDS, DShield et NSTAT. Par exemple, NSTAT [Kem98] utilise une architecture client/serveur pour la détection des attaques réseaux. Le coté client est responsable de la collecte et le filtrage des traces d'audit, pour ensuite les envoyer à un serveur central. Le serveur central rassemble les différentes sources d'audit dans une série temporelle pour les analyser en utilisant le mécanisme d'état/transition [IKP95].

Parmi les SDICs basés sur une architectures hiérarchique, on peut citer le projet EMERALD [5] [VS00]. Il combine plusieurs détecteurs pour minimiser le taux de fausses alertes et améliorer la sensibilité de la détection. Le système surveillé est divisé en trois niveaux : niveau service, niveau domaine et niveau entreprise. Le niveau service est responsable de la surveillance des hôtes individuels et des services réseaux dans un seul domaine. Le niveau domaine surveille et analyse les anomalies de plusieurs services et hôtes. Le dernier niveau est le niveau entreprise qui surveille plusieurs domaine d'une entreprise.

EMERLAD utilise une extension de l'IDMEF pour la collecte d'informations. Il défini deux concepts principaux, le concept « Alert-Thread » qui est

---

5. Event Monitoring Enabling Responses to Anomalous Live Disturbances.

une sorte d'alerte générée par un seul détecteur et reportant une seule attaque, et le concept « Meta-Alert » qui est une sorte d'alerte composée de plusieurs alertes générées par plusieurs détecteurs différents. Ganem et al. [ABS08] ont proposé DSOC (Distributed Security Operation Center), une architecture hiérarchique similaire à EMERALD en trois niveaux : un premier niveau qui comporte des composants de collecte de données (tels que les pare-feu et les SDIs), un deuxième niveau d'analyse locale qui examine les données localement et génèrent des alertes, et un troisième niveau d'analyse globale qui effectue l'agrégation et la corrélation d'alertes.

Li et al. [LLS07] ont proposé un SDIC hiérarchique basé sur la notion de « dépendance ». Les hôtes sont groupés en régions, en se basant sur des critères typographique du réseau (tel que la proximité et la politique d'administration appliquée dans les hôtes). Dans ce SDIC, les réseaux de Markov cachés (HMM, pour Hiden Markov Model) sont appliqués pour agréger les alertes collectées dans chaque région.

Plus récemment, plusieurs architectures totalement distribuées sont proposées. Par exemple, Dayong et al. [MBY08] ont proposé un SDIC distribué (MADIDF : Mobile Agents based Distributed Intrusion Detection Framework) basé sur les agents. Chaque participant utilise quatre agents : un agent de surveillance, un agent d'analyse, un agent d'exécution et un agent de gestion. Le système utilise aussi deux agents mobiles : un agent de recherche et un agent de résultat qui peuvent voyager à travers les différents participants. Lorsque le système subit une attaque réseau, l'agent d'analyse détecte l'activité malveillante en se basant sur les informations collectées par l'agent de surveillance, et rapporte une alerte à l'agent de gestion. Ce dernier envoie l'agent de recherche pour trouver des informations pertinentes dans les autre participants. Les participants envoient les informations supplémentaires à l'agent de gestion en utilisant des agents de résultat. Enfin, l'agent de gestion peut prendre une décision en se basant sur ensemble des informations collectées.

2.3 Agrégation et corrélation d'alertes en détection d'intrusions

De nos jours, les attaques sont devenues de plus en plus complexes, et les attaquants exploitent plusieurs failles et réalisent plusieurs étapes pour pénétrer dans un système. Pour détecter ces attaques sophistiquées, nous avons besoin d'un mécanisme automatisé pour l'analyse d'un énorme volume d'alertes. Un des moyens qu'on peut utiliser pour remédier à ce problème est les différentes méthodes de corrélation d'alerte. Bien que la corrélation puisse être appliquée dans l'analyse des alertes d'un seul SDI, elle est plus intéressante dans un environnement de coopération impliquant plusieurs outils hétérogènes tels que : des SDIs réseaux, des SDI hôtes, des pare-feux, etc.

La corrélation d'alertes dans le domaine de la détection d'intrusions n'est pas un nouveau sujet de recherche. Cependant, il n'existe pas un consensus sur sa définition. Amoroso a défini la corrélation comme suit :

« La corrélation d'alertes fait référence à l'interprétation, la combinaison et l'analyse des informations provenant de toutes les sources disponibles concernant les activités d'un système cible, dans le but de la détection et la réponse » [Amo99].

L'objectif principal de la corrélation est la réduction du volume d'alertes pour faciliter la tache d'analyse. Pour ce faire, on distingue plusieurs fonctions principales dans le processus de corrélation [DMC+04, VS00] :

– **Élimination de la redondance :** une première fonction d'un système d'agrégation/corrélation d'alertes est de déterminer si deux alertes ont été générées suite à l'observation d'un même événement. Ainsi, l'élimination de la redondance réduit le nombre d'alertes à traiter.

– **Agrégation d'alertes :** certaines attaques produisent plus d'un seul événement élémentaire. Ainsi, le regroupement des événements élémentaires réduit le flux d'alertes, ce qui simplifie l'analyse pour les opérateurs.

– **La fusion d'alertes :** après le regroupement des alertes en clusters, une fonction plus avancée de l'agrégation/corrélation consiste à produire une alerte globale pour chaque groupe. Ces dernières résument les activités malicieuses rapportées par ces groupes d'alertes.

– **Reconnaissance des scénarios d'attaque (corrélation de contexte) :** cette fonction est encore plus poussée et nécessite des mécanismes plus complexes pour déterminer certaines attaques qui sont réalisées en plusieurs étapes. Ainsi, les attaques sont mieux comprises sous forme de scénarios qu'individuellement.

Dans ce qui suit, nous présentons un survol des différentes méthodes de corrélation proposées dans la dernière décennie, et qui se basent sur des techniques de corrélation différentes. Plusieurs efforts [HSAMV04, DMC⁺04] ont essayé de classifier ces travaux selon leurs techniques, et ainsi plusieurs classes principales ont été dégagées.

2.3.1 Corrélation par des attributs similaires (ou agrégation d'alertes)

Les alertes qui rapportent une même attaque ont généralement des attributs similaires. La corrélation à base de similarité entre attributs est une technique basique. Cependant, quels attributs faut-il comparer et comment évaluer cette comparaison, sont les tâches difficiles dans cette méthode. On distingue plusieurs techniques utilisées dans cette catégorie :

– **Corrélation probabiliste :** Dans le projet EMERALD, Valdes et Skiner [VS01] ont utilisé une approche probabiliste pour déterminer la similarité entre deux alertes. Cette approche consiste à définir une liste des attributs à comparer tels que : l'identité du détecteur, la classification des attaques, les adresses sources et cibles, l'identité des utilisateurs, le temps, etc. Ensuite, la similarité est évaluée par une formule de pondération des probabilités des différents attributs, dont le résultat est compris entre 0 et 1, où la valeur 0 signifie la non similarité et la valeur 1 signifie une similarité exacte. La Figure 2.3 montre un exemple de calcul de similarité probabiliste pour l'attribut classes d'attaques.

	INVALID	PRIVILEGE_VIOLATION	USER_SUBVERSION	DENIAL_OF_SERVICE	PROBE	ACCESS_VIOLATION	INTEGRITY_VIOLATION	SYSTEM_ENV_CORRUPTION	USER_ENV_CORRUPTION	ASSET_DISTRESS	SUSPICIOUS_USAGE	CONNECTION_VIOLATION	BINARY_SUBVERSION	ACTION_LOGGED
INVALID	1	0.3	0.3	0.3	0.3	0.3	0.3	0.3	0.3	0.3	0.3	0.3	0.3	0.6
PRIVILEGE_VIOLATION	0.3	1	0.6	0.3	0.6	0.6	0.6	0.6	0.4	0.3	0.4	0.1	0.5	0.6
USER_SUBVERSION	0.3	0.6	1	0.3	0.6	0.5	0.5	0.4	0.6	0.3	0.4	0.1	0.5	0.6
DENIAL_OF_SERVICE	0.3	0.3	0.3	1	0.6	0.3	0.3	0.4	0.3	0.5	0.4	0.1	0.5	0.6
PROBE	0.3	0.2	0.2	0.3	1	0.7	0.3	0.3	0.3	0.3	0.4	0.8	0.3	0.6
ACCESS_VIOLATION	0.3	0.6	0.3	0.5	0.6	1	0.6	0.3	0.3	0.3	0.4	0.1	0.5	0.6
INTEGRITY_VIOLATION	0.3	0.5	0.3	0.5	0.6	0.8	1	0.6	0.5	0.3	0.4	0.1	0.5	0.6
SYSTEM_ENV_CORRUPTION	0.3	0.5	0.3	0.5	0.6	0.6	0.6	1	0.6	0.3	0.4	0.1	0.5	0.6
USER_ENV_CORRUPTION	0.3	0.5	0.5	0.3	0.6	0.6	0.6	0.6	1	0.3	0.4	0.1	0.5	0.6
ASSET_DISTRESS	0.3	0.3	0.3	0.6	0.3	0.3	0.3	0.3	0.3	1	0.4	0.4	0.3	0.6
SUSPICIOUS_USAGE	0.3	0.3	0.5	0.3	0.5	0.6	0.5	0.6	0.5	0.3	1	0.1	0.3	0.6
CONNECTION_VIOLATION	0.3	0.1	0.1	0.3	0.8	0.3	0.3	0.3	0.3	0.5	0.4	1	0.3	0.6
BINARY_SUBVERSION	0.3	0.3	0.3	0.3	0.3	0.6	0.6	0.6	0.5	0.3	0.4	0.1	1	0.6
ACTION_LOGGED	0.3	0.3	0.3	0.3	0.6	0.5	0.3	0.3	0.3	0.3	0.4	0.3	0.3	1

FIGURE 2.3 – *Matrice de similarité entre certaines classes d'attaques [VS01]*

- **L'algorithme ACC :** Debar et al. [DW01] ont proposé un algorithme d'agrégation/corrélation d'alertes, baptisé *ACC* (Aggregation and Correlation Compenent), pour traiter les problèmes suivants :
- le problème d'inondation d'alertes : les SDIs génèrent un large volume d'alertes qui dépasse de loin la capacité d'analyse des opérateurs de sécurité.

- le problème de contexte : les SDIs ne sont pas capables de détecter les attaques en plusieurs étapes.

- le problème des fausses alertes : les SDIS génèrent un taux très élevé de fausse alertes. Ceci est du généralement à des signatures/modèles d'attaques non précises.

- le problème de mise à l'échelles : les SDIs ont un champs d'observation (surveillance) limité.

ACC est un composant logiciel qui peut être utilisé dans un environnement de détection impliquant plusieurs détecteurs, commerciaux ou gratuit, pour offrir aux opérateurs de sécurité une vue plus globale sur les problèmes de sécurité. Il a été testé en utilisant les détecteurs ISS RealSecure [6] et Cisco Secure IDS [7], et d'autre outils tels que : Web IDS [ADD00] et TCP Wrapper [Ven99]. Après un certain prétraitement des alertes, ACC assure deux principales fonctions :

1. la détection des alertes redondantes provenant des différents détecteurs en se basant sur certains attributs tels que l'adresse source/cible, le port source/cible, et le temps de détection,

2. la détermination des groupes d'alertes, où dans chaque groupe, toute alerte est une conséquence de l'alerte précédente dans l'ordre de la détection.

- **Regroupement et analyse des causes premières :** Dans le contexte de la corrélation d'alertes, plusieurs travaux basés sur les techniques de fouille de données ont été proposés. Parmi ces travaux, dans [Jul01], Julish a utilisé la clusterisation d'alertes pour construire des groupes d'alerte, appelés clusters, qu'un utilisateur expérimenté peut par la suite interpréter et extraire la racine qui a causé chaque groupe. Comme les

---

6. Internet Security System, http://www.iss.net/
7. http://www.cisco.com/

groupes d'alertes peuvent être énormes, Julish [Jul01] a proposé de les résumer par le biais d'alertes généralisées, ce qui facilite leur interprétation.

Notons que la manière de grouper les alertes a une forte influence sur l'utilité de ces groupes d'alertes. Idéalement, le regroupement d'alertes devrait résoudre le problème suivant : « Compte tenu d'un journal d'alertes, le problème du regroupement d'alertes est de construire des groupes d'alertes de telle sorte que toutes les alertes d'un même groupe partagent la même cause racine ».

Un algorithme qui résout ce problème élimine la redondance par le regroupement des alertes qui partagent la même cause. En outre, si on comprend l'origine d'une alerte dans un cluster, on comprendra la cause de toutes les autres alertes liées à ce cluster.

Il convient de noter que le travail de Julish a été récemment amélioré par Al-Mamory et al. [AMZ09], en proposant d'autres mesures de distance entre les attributs.

– **Predicat logique de similarité :** Dans [Cup01b], Frédéric Cuppens a défini un prédicat logique $sim\_alert(Alert_1, Alert_2)$ qui retourne vrai si deux alertes sont similaires, contrairement à l'approche de Valdes [VS01] qui retourne elle, une probabilité comprise entre 0 et 1. Afin d'évaluer ce prédicat, un ensemble de prédicats élémentaires basés sur des règles d'experts ont été définies afin de pouvoir comparer des entités, des relations et des attributs, relatifs à la classification (ou type d'attaque), le temps de détection, la source/cible de l'attaque, etc.

Il existe d'autres méthodes plus récentes d'agrégation d'alertes basées sur les techniques d'apprentissage automatique tels que les séries temporelles [VDM⁺09], la logique floue [FMZ09], les réseaux de neurones et le Clustering [TFPC09].

2.3.2   Corrélation par des scénarios d'attaque prédéfinis

Cette méthode consiste à programmer dans le système les scénarios d'attaque les plus connus. Ceci peut être fait par apprentissage automatique (par exemple : réseau de neurone), ou par système expert. La difficulté dans cette approche réside dans la formulation des scénarios d'attaque.

Pour la description des scénarios d'attaque, plusieurs langages ont été développés. STATL est un exemple de ces langages. Il est fondé sur le modèle de spécification et de transition d'état (STAT), présenté dans [IKP95]. Dans le langage STATL, les scénarios d'attaque sont représentés par des diagrammes de transition d'état, où les états représentent les propriétés d'un système en termes de sécurité et les transitions représentent les actions composant les scénarios d'attaque. Plusieurs systèmes de détection d'intrusions ont été définis et mis en œuvre par l'extension du STATL tels que : ustat, netstat, WebSTAT, Logstat, AlertSTAT, LinSTAT et WinSTAT [8].

Un autre langage, appelé LAMBDA [9], est un langage déclaratif de description des attaques basé sur la logique [CR00]. Ce langage a été développé dans le cadre du projet Mirador. L'objectif est de décrire une attaque quelle que soit la particularité des techniques d'attaque utilisées et le type des machines attaquées.

Enfin, Adèle (un langage de description d'attaques) [MM01] est un autre langage développé aussi dans le projet MIRADOR. L'objectif de ce langage est proche de celui de LAMBDA : il fournit une spécification d'attaques afin de configurer un ensemble de SDIs.

---

8. Ces logiciels peuvent être téléchargés à partir du site web : `http://www.cs.ucsb.edu/~/projects/stat/software/index.html`

9. Un langage pour modéliser les bases de données pour les attaques informatiques.

2.3.3 Corrélation par l'analyse statistique de causalité

Qin et Lee [QL03] ont proposé un algorithme appelé le test de causalité de Granger pour la corrélation des alertes. Une pure analyse statistique de causalité ne nécessite pas des connaissances prédéfinies sur les scénarios d'attaque. Les attaques en plusieurs étapes génèrent généralement des alertes ayant des similarités statistiques dans leurs attributs, ce qui a motivé la naissance de cette approche. Dans cette approche, une étape X est la cause d'une étape Y, alors X doit précéder Y, et il est fort probable que ces deux étapes figurent ensemble dans un petit intervalle de temps. Cette approche ne peut être une solution réalisable dans un processus de corrélation complet, cependant elle peut faire partie d'un grand système de corrélation.

2.3.4 Corrélation par les pré-conditions et post-conditions des attaques

Un mécanisme très puissant utilisé par plusieurs chercheurs [SK00, CM02, NCR02] en corrélation d'alertes consiste à définir les pré-conditions et post-conditions des attaques élémentaires. Dans cette approche nous n'avons pas besoin ni de connaître tous les scénarios d'attaque, ni d'introduire des longs scénarios dans le système.

Intuitivement, deux alertes sont corrélées si une des post-conditions d'une action apparaissent dans les pré-conditions de l'autre action. Toutefois, ces mécanismes nécessitent une forte contribution des connaissances d'experts pour définir les pré-conditions et post-conditions associées à chaque action. En outre, dans [CM02] lorsque certaines actions ne sont pas détectées, certaines alertes virtuelles sont produites. Cela augmente le nombre de scénarios possibles, et la corrélation pondérée d'alerte proposée dans [BAC03] limite uniquement les conséquences de cette explosion du nombre élevé de scénarios. En parallèle aux travaux de Cuppens, une approche similaire a été proposée par Ning et Cui [NCR02].

2.3.5 Connaissances d'experts et limites des méthodes basées sur le mécanisme de pré-condition et post-condition

L'inconvénient majeur des méthodes de corrélation d'alertes basées sur le mécanisme de pré-condition et de post-condition est que ce dernier nécessite beaucoup de connaissances d'experts pour définir les pré-conditions et les post-conditions liées aux attaques élémentaires. Par exemple, dans [CM02, NCR02], il est nécessaire de prévoir chaque action qui peut être exécutée par les systèmes et les utilisateurs, ainsi que les pré-conditions et les post-conditions de ces actions. Ceci n'est pas toujours réaliste et nécessite clairement beaucoup de connaissances d'experts. En effet, Il est par exemple quasiment impossible de modéliser les actions propres aux utilisateurs.

En outre, la détection des attaques coordonnées est très sensible à la modélisation des actions. L'ajout de conditions non nécessaires aux pré-conditions ou aux post-conditions d'une action change souvent le résultat de la corrélation et produit généralement des scénarios additionnels. De même, oublier des conditions peut conduire à rater la détection de quelques scénarios plausibles. En effet, un seul scénario, dû à des conditions manquantes, peut être détecté comme deux scénarios indépendants.

2.3.6 Information contextuelle en corrélation d'alertes

Dans [MMDD09], les auteurs ont mis l'accent sur deux faiblesses principales des méthodes de corrélation d'alertes proposées dans l'état de l'art. La première est que ces systèmes utilisent les alertes comme l'unique source d'information. La deuxième est que la majorité de ces systèmes sont des solutions ad-hoc et nécessitent un modèle d'échange de données. Pour ces raisons, les auteurs ont proposé un modèle fédérateur de données permettant aux systèmes de sécurité de sauvegarder et d'interroger des connaissances sur les incidents de sécurité et les contextes dans lesquels ils surviennent.

Plus précisément, l'objectif du modèle M4D4 (voir Figure 2.4), qui est une version améliorée du M2D2 [MMDD02], est de donner une représentation formelle des différentes sources d'information intervenant dans la détection d'intrusions tels que : le système surveillé (topologie et logiciels), les vulnérabilités (CVE, Bugtraq, etc.), les outils de sécurité (SDI, scanneurs, etc.), et les événements observés (attaques et vulnérabilités). Cette formalisation permet d'améliorer le processus de corrélation d'alertes par la prise en compte d'un maximum d'informations. Dans ce qui suit nous résumons les différents concepts et relations du modèle M4D4.

– Les caractéristiques du système surveillé : il s'agit principalement de la topologie et les produits déployés (appelé aussi cartographie) sur le système surveillé (OS, Serveurs, etc.). La topologie est modélisée par les concepts : *network, nodenet, nodeaddress, nodegw*, etc. La cartographie décrit les logiciels déployés par le système. Ils sont modélisés par les concepts : *software, service, process*, etc. Un exemple de relation est la relation *exec(H,P)* qui décrit qu'un hôte H exécute un processus P.

– Les vulnérabilités et attaques sont modélisées par les concepts : *vulnerability, attackclasse, severity, requires*, etc. Un exemple de relation est la relation *affects(V,C)* qui décrit qu'une vulnérabilité V affecte une configuration C du système surveillé.

– Les outils de sécurité (analyseurs) : il s'agit principalement des SDIs et des Scanneurs. Les Scanneurs détectent les vulnérabilités avant leurs exploitations et les SDIs les détectent après leurs exploitations (attaques).

– Les événements observés : les SDIs et les Scanner génèrent des alertes, mais ces derniers doivent faire référence aux événement causant ces alertes. Dans la détection d'intrusions, on doit distinguer entre les alertes et les événements. Un événement est une entité de bas niveau (paquet

TCP, appel système, etc.) que les outils analysent. Une alerte est un message signalant qu'un événement remarquable est détecté par un outil. Les événements et attaques sont modélisés par les concepts : *event*, *ippacket*, *message*, *attack*, etc.

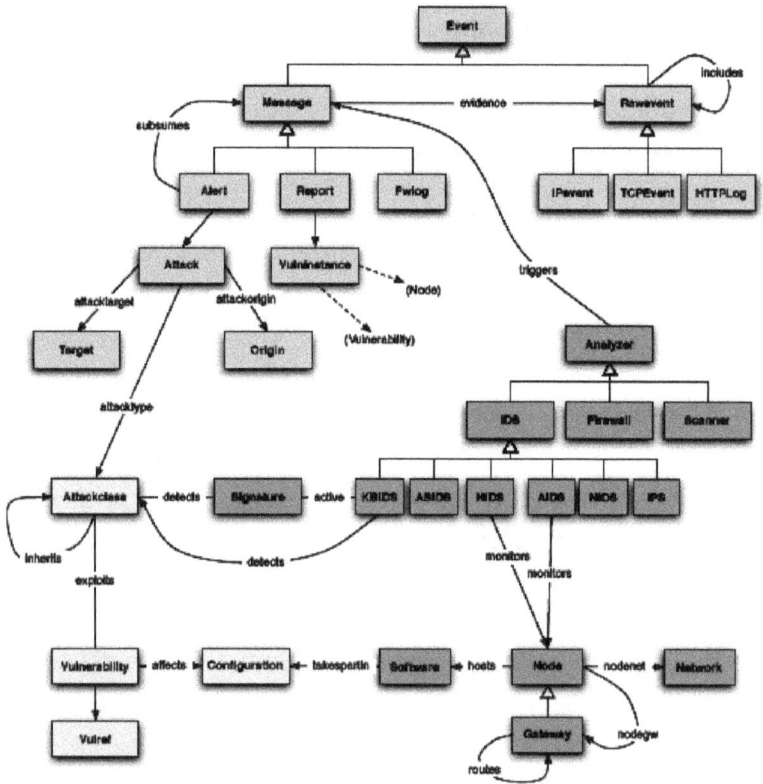

FIGURE 2.4 – *Modèle M4D4 [MMDD09]*

Conclusion

Nous avons vu dans le premier chapitre que les problèmes majeurs des systèmes de détection d'intrusions sont : le taux très élevé de fausses alertes et les faibles taux de détection. Pour cela, l'utilisation de plusieurs systèmes de détection d'intrusions et d'autres outils de sécurité peut améliorer le taux de la détection et diminuer les fausses alertes, mais cela nécessite l'existence d'un mécanisme de communication entre ces différents outils. Dans cette optique, plusieurs efforts de standardisation ont été faits pour assurer l'interopérabilité entre plusieurs systèmes de détection d'intrusions. Le modèle CIDF est le premier effort de standardisation, malgré son échec il a laissé un bon vocabulaire et un modèle de référence dans le domaine de la détection. L'échec du CIDF a motivé le lancement du projet IDMEF qui a abouti à un standard de représentation des alertes, largement intégré dans les outils de nos jours.

La corrélation d'alertes par les attributs similaires est une méthode très efficace pour le regroupement des alertes en clusters, mais elle ne peut découvrir les dépendances entre les attaques. Son objectif principal est le regroupement d'alertes pour en réduire le volume, et ainsi faciliter la tâche d'analyse.

Une autre fonction plus avancée de la corrélation d'alertes vise la détection des attaques coordonnées et la prédiction des plans d'attaques. Elle permet une meilleur compréhension des attaques sous forme de scénarios plutôt que d'attaques individuelles. Nous avons discuté plusieurs méthodes et techniques tels que : la corrélation par des scénarios d'attaque prédéfinis, la corrélation par les pré-conditions et post-conditions des attaques et la corrélation par l'analyse statistique de causalité.

Enfin, nous avons vu que pour améliorer les résultats de la corrélation d'alertes, il ne faut pas se limiter aux informations fournies dans les alertes.

D'autres informations contextuelles sont nécessaires, telles que, la topologie et la cartographie des systèmes surveillés, et des informations sur les détecteurs, les vulnérabilités, et les attaques.

Chapitre 3

Modèles graphiques probabilistes

3.1 Introduction

Les modèles graphiques probabilistes ont reçu beaucoup d'attention au cours des dernières décennies à la fois par des scientifiques et des industriels et à travers un certain nombre de domaines, notamment l'intelligence artificielle (IA), les statistiques, les sciences cognitives et la philosophie. En particulier, les réseaux Bayésiens ont réalisé un impact très important sur le domaine de l'IA, depuis leur introduction par Judea Pearl [Pea88], au début des années 1980 [Dar09]. A cette époque les chercheurs en IA ont réalisé que la théorie du raisonnement plausible ne peut pas être fondée uniquement sur la logique classique. De ce fait, un grand nombre de travaux de recherche ont conduit à l'élaboration d'une nouvelle classe de logiques symboliques connue sous le nom de logiques non-monotones [MD80, Rei80, McC80]. Parmi ces chercheurs, Pearl a introduit les réseaux Bayésiens dans son livre [Pea88], dans lequel il préconisait l'utilisation de la théorie des probabilités comme base de raisonnement plausible. Il a développé ainsi les réseaux Bayésiens comme un outil pratique de représentation de connaissances et de raisonnement sous incertitude.

Dans ce chapitre nous commençons par introduire brièvement les modèles graphiques, ensuite nous abordons plus en détails les réseaux Bayésiens qui font l'objet d'une grande partie de nos contributions présentées dans ce livre.

3.2 Modèles graphiques probabilistes

Les modèles graphiques probabilistes, obtenus par le mariage entre la théorie des graphes et la théorie des probabilités, sont des outils naturels et intuitifs pour résoudre deux grands problèmes souvent rencontrés en intelligence artificielle, en mathématiques appliquées et en ingénierie : l'incertitude et la complexité. Une notion de base dans les modèles graphiques est la modularité, ainsi un système complexe est un système composé de plusieurs parties [Mur01]. La théorie des probabilités fournit le moyen de combiner ces parties tout en assurant la consistance du système dans sa globalité. Elle fournit aussi une interface entre le modèle et les données. Quant à la théorie des graphes, elle fournit un moyen intuitif permettant à l'être humain de modéliser des problèmes portant sur des variables interagissant ente elles, et de structurer les données.

Les modèles graphiques offrent une panoplie d'outils développés dans divers domaines tels que les statistiques, l'ingénierie des systèmes, la théorie de l'information, la reconnaissance des formes, etc. Parmi ces outils, nous trouvons les Mixtures, les modèles de Markov cachés, les réseaux de neurones, les réseaux Bayésiens, etc. L'avantage de cette diversité de modèles, est que chaque modèle, initialement développé pour un domaine donné, peut être facilement adapté pour d'autres domaines.

3.2.1 Représentation graphique

Les modèles graphiques probabilistes sont des graphes dont les nœuds représentent des variables aléatoires et les arcs représentent des hypothèses d'indépendance conditionnelles. Ceci permet une représentation compacte de la distribution de probabilités jointe. Pour N variables aléatoires binaires, la distributions de probabilités jointe, $P(X_1, X_2, ..., X_N)$, nécessite $O(2^N)$, alors qu'un modèle graphique nécessite beaucoup moins de paramètres, en fonction du nombre d'hypothèses. Ceci améliore considérablement l'apprentissage et l'inférence dans ces modèles.

Il y a deux principales catégories de modèles graphiques : orientés et non orientés. Les modèles graphiques non orientés, ou encore connus sous le nom de réseaux de Markov, sont plus utilisés en physique, statistiques, etc. Les modèles graphiques orientés, ou encore connus sous le nom de réseaux Bayésiens, sont plus utilisés en intelligence artificielle et en apprentissage automatique.

Graphes dirigés sans cycles

Dans un modèle graphique dirigé sans cycles (par exemple, un réseau bayésien), un arc d'un nœud A vers un nœud B peut être interprété informellement comme suit : A est la cause de B [1]. Ces modèles peuvent, grâce à leurs V-structures, modéliser des variables qui sont indépendantes, mais qui deviennent dépendantes étant donné l'état d'une troisième variable.

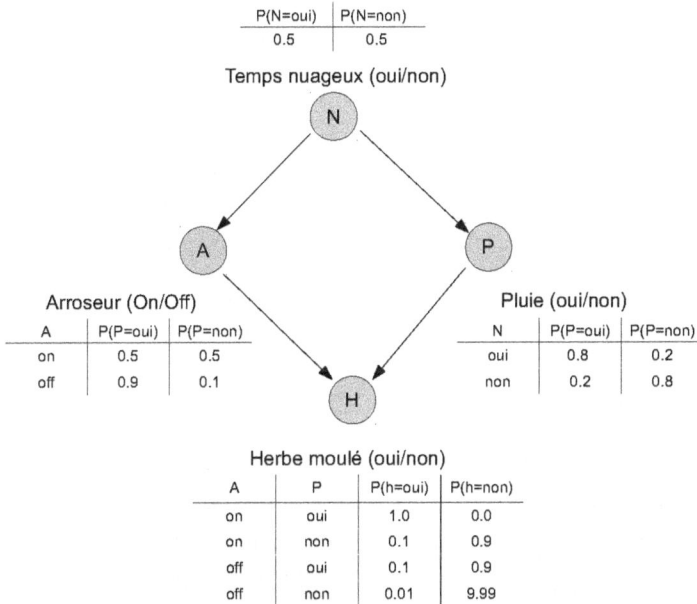

P(N=oui)	P(N=non)
0.5	0.5

Temps nuageux (oui/non)

N

A   P

Arroseur (On/Off)

A	P(P=oui)	P(P=non)
on	0.5	0.5
off	0.9	0.1

Pluie (oui/non)

N	P(P=oui)	P(P=non)
oui	0.8	0.2
non	0.2	0.8

H

Herbe moulé (oui/non)

A	P	P(h=oui)	P(h=non)
on	oui	1.0	0.0
on	non	0.1	0.9
off	oui	0.1	0.9
off	non	0.01	9.99

FIGURE 3.1 – *Réseau Bayésien associé au problème de l'arroseur [RN95]*

Considérons un exemple classique de la littérature sur les réseaux Bayésiens, initialement proposé dans [Pea88], et repris dans [RN95, Jen96, NWL⁺07,

---

1. Voir les livres suivants pour une discussion plus détaillée de la modélisation de la causalité : [Pea00, SGS98, Shi00a]

Mur01]. Chaque matin, quand un certain Mr. Holmes sort de sa maison, il s'aperçoit que l'herbe de son jardin est humide. Il se demande alors s'il a plu pendant la nuit, ou s'il a tout simplement oublié de débrancher son arroseur automatique. Le réseau Bayésien associé au modèle causal utilisé par Mr. Holmes est donné dans la Figure 3.1.

Graphes non dirigés

Aussi appelé réseaux de Markov, ces modèles graphiques ne peuvent pas modéliser le cas précédent, par contre ils peuvent modéliser une loi qui vérifie $A \perp C | \{B, D\}$ et $B \perp D | \{A, C\}$ grâce à la structure de la Figure 3.2, or un graphe orienté ne peut pas modéliser ces deux indépendances conditionnelles en même temps.

Dans les modèles non-orientés, les relations représentées par les arêtes sont principalement des relations symétriques (corrélation, indépendances conditionnelles, etc) alors que les arcs des modèles orientés représentent principalement des relations asymétriques (causalité, relations temporelles, etc). Ceci affaiblit les modèles non orientés en expressivité, mais par contre il leur permet de gagner en simplicité. En effet, l'espace des graphes non-orientés est nettement plus petit que l'espace des graphes orientés.

Comme exemple de modèles graphiques non orientés, nous citons les modèles d'Ising (voir la Figure 3.3) qui ont la forme de grille, où chaque nœud est connecté à tous ses voisins en vertical et en horizontal. Ces modèles sont très utilisés en traitement d'image [Li01, Win02], pour la segmentation, la détection de contour, la restauration d'images, etc.

3.2.2   Utilisation des modèles graphiques

Les modèles graphiques sont essentiellement utilisés comme des outils intuitifs de représentation de connaissances d'un domaine d'application, et

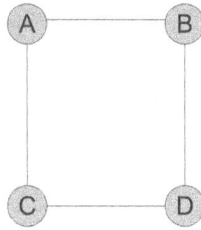

FIGURE 3.2 – *Exemple de réseaux de Markov « le carré »*

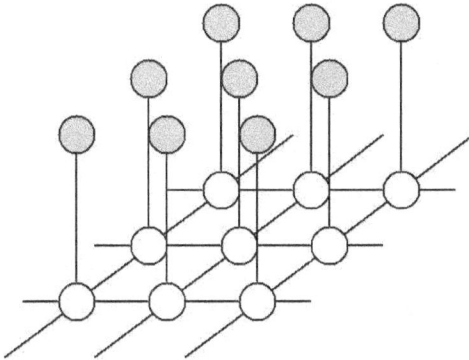

FIGURE 3.3 – *Réseau de Markov utilisé pour la restauration d'images*

surtout comme un mécanisme très puissant d'extraction de connaissances et d'inférence. Ainsi, un modèle graphique construit pour un domaine donné peut être considéré comme un système expert (base de connaissances + moteur d'inférence) et peut être utilisé comme un système d'aide à la décision.

- **Modélisation qualitative du domaine :** l'objectif des modèles graphiques est de permettre aux experts de se concentrer sur l'élaboration de la structure qualitative du problème avant de pouvoir résoudre les problèmes quantitativement. Comme Pearl l'a souligné dans [Pea88], ces modèles sont destinés à encoder des jugements naturels sur la pertinence des variables du domaine, et peuvent être construits indépendamment de toute considération probabiliste. Les nœuds dans le graphe représentent des variables et les arcs manquants entre ces nœuds désignent un jugement de non-pertinence.

Le graphe peut être dirigé ou non dirigé, ou sous forme de chaîne (mixte), ayant les deux catégories dirigée et non dirigée. Les arcs dirigés représentent une pertinence/influence probabiliste d'une relation de causalité. Les arcs non dirigés représentent tout simplement des associations ou des corrélations.

– **Extraction de connaissances :** les modèles graphiques permettent non seulement de représenter des connaissances, mais également d'en extraire en utilisant des algorithmes d'apprentissage automatique. En effet, il est parfois peu réaliste de demander à un expert et la structure du modèle et les paramètres nécessaires à l'inférence. Il est possible, en disposant d'une grande masse d'information d'extraire certaines relations entre les variables du domaine et d'en estimer les paramètres. Les classifieurs, tel que les réseaux de neurones, les arbres de décisions et les réseaux Bayésiens naïfs, sont des exemples très utilisés en fouilles de données et en apprentissage automatique.

– **Raisonnement et inférence :** le raisonnement (ou la prise de décision) est la principale utilisation des modèles graphiques. En effet, ces modèles ont été proposés à la base pour permettre le raisonnement sous incertitude, chose que la logique classique ne pouvait pas faire. Le raisonnement est généralement utilisé pour prédire de nouvelles données ou pour bien comprendre des données existantes. Par exemple, en sécurité informatique, nous pouvons prédire, en se basant sur des données d'audit, si la session en cours d'un utilisateur est semblable à son profil ou non.

3.3 Réseaux Bayésiens

Les réseaux bayésiens, proposés par Pearl [Pea88] au début des années 80, sont des modèles graphiques très utilisés pour représenter et manipuler des informations incertaines [Jen96, Dar09]. Un réseau bayésien est constitué de deux composantes :

- *Une composante graphique* qui consiste en un graphe orienté sans cycles (DAG) (c'est-à-dire il n'existe pas de chemin qui part d'un nœud et revient sur le même nœud) que nous appelons *structure*. Cette dernière encapsule deux connaissances principales sur le domaine. La première est les nœuds qui représentent les variables pertinentes du domaine et la deuxième est les arcs qui représentent les relations de dépendance entre ces variables.

- *Une composante numérique* qui consiste en une quantification des différents liens dans le graphe par des distributions de probabilités conditionnelles de chaque nœud dans le contexte de ses parents.

Les réseaux Bayésiens comptent parmi les modèles graphiques les plus populaires pour deux raisons [Dar09] :

1. un réseau Bayésien offre une représentation cohérente et complète du domaine d'application et garantit une distribution de probabilité unique sur les variables du domaine. Ainsi, en construisant un réseau Bayésien on spécifie une probabilité pour chaque proposition qui peut être exprimée à l'aide de ces variables,

2. un réseau Bayésien est une représentation compacte. Il permet de spécifier une distribution de probabilités de taille exponentielle en utilisant un nombre polynomiale de probabilités (en supposant que le nombre des causes directes reste faible).

Définition 7. *(Réseau Bayésien)*
Un réseau bayésien $B = \{G, P\}$ est défini par :

– *un graphe dirigé sans circuit* $G = (X, E)$ *où* X *est l'ensemble des nœuds et où* E *est l'ensemble des arcs,*
– *un espace probabilisé* (Ω, P),
– *un ensemble de variables aléatoires* $X = \{X_1, ..., X_n\}$ *associées aux nœuds du graphe et défini sur* (Ω, P) *tel que :*

$$P(X_1, ..., X_n) = \Pi\, P(X_i | Pa(X_i)$$

où $Pa(X_i)$ *est l'ensemble des parents du nœud* X_i *dans* G.

3.3.1 Inférence dans les réseaux Bayésiens

Intuitivement, l'inférence dans un réseau Bayésien consiste à propager une ou plusieurs informations certaines au sein du graphe, pour en déduire comment sont modifiées les croyances concernant les autres nœuds. Si nous observons les nœuds feuilles et nous inférons les valeurs possible des racines (cause), ceci est appelé diagnostic ou explication. Si nous observons les causes et nous inférons les nœuds feuilles, ceci est appelé prédiction.

Dans l'exemple de la Figure 3.1, si on suppose le fait que l'herbe est mouillé, noté par $H = oui$. Il y a deux causses possibles : soit il a plu, soit Mr. Holmes a oublié son arroseur ouvert. Dans ce cas, on peut utiliser la règle de Bayes pour déterminer quelle cause est la plus plausible.

$$P(X|y) = \frac{P(y|X) * P(X)}{P(y)} \qquad (3.1)$$

tel que X est le nœud non observé et y est l'évidence observée.

$$aposteriori = \frac{vraisemblance\ conditionelle\ *\ apriori}{vraisemblance} \qquad (3.2)$$

---

1. Les réseaux Bayésien sont aussi appelé réseaux de croyances

Dans notre exemple, on a [Mur01] :

$$P(A = 1 | H = 1) = \frac{P(A = 1, H = 1)}{P(H = 1)}$$
$$= \frac{\sum_{n,p} P(N = n, A = 1, P = p, H = 1)}{P(H = 1)}$$
$$= \frac{0.2781}{0.6471} = 0.430$$

et

$$P(P = 1 | H = 1) = \frac{P(P = 1, H = 1)}{P(H = 1)}$$
$$= \frac{\sum_{n,a} P(N = n, A = a, P = 1, H = 1)}{P(H = 1)}$$
$$= \frac{0.4581}{0.6471} = 0.708$$

tel que

$$P(H = 1) = \sum_{n,a,p} P(C = c, S = s, R = r, W = 1) = 0.6471 \qquad (3.3)$$

est une constante de normalisation. Donc nous constatons qu'il est plus plausible que l'herbe soit mouillé à cause de la pluie que de l'arroseur.

Dans le cas générale, nous disposions d'un réseau Bayésien défini par un DAG et une distribution de probabilité jointe (G, P). Supposons que le graphe soit constitué de n nœuds, notés $\{X_1, X_2, ..., X_n\}$. Le problème général de l'inférence est de calculer $p(X_i | Y)$, où $Y \sqsubset X$ et $X_i \notin Y$. Il est clair que la complexité de ce problème dépend de la structure du réseau. Ainsi, un DAG peut prendre plusieurs formes : chaine, arbre, poly-arbre, ou DAG avec boucle (voir Figure 3.4)[NWL$^+$07] .

Le passage des messages locaux, est le premier algorithme d'inférence, proposé par [Pea86]. Pour l'actualisation des probabilités marginales, cet algorithme se base sur la transmission de messages entre variables voisines

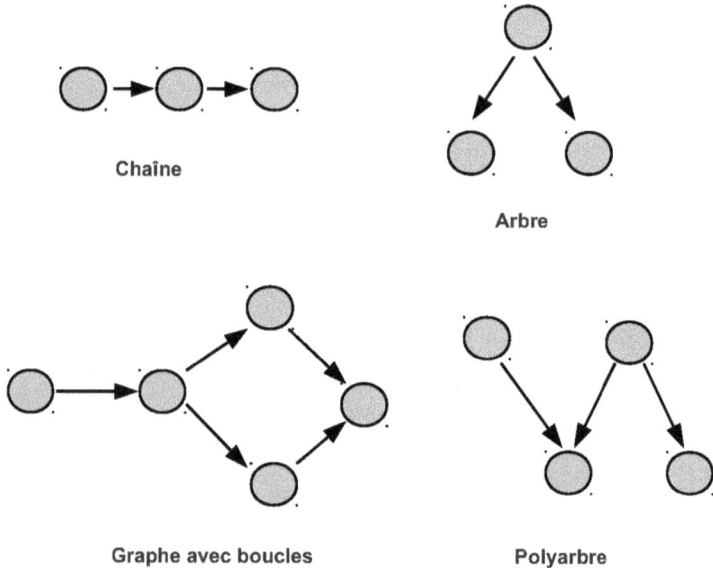

FIGURE 3.4 – *Types de DAG*

dans le graphe d'indépendance. Cependant, cette méthode ne fonctionne de manière exacte que lorsque le réseau bayésien possède une forme d'arbre.

Cependant, cet algorithme a été amélioré par [LS88] pour qu'il fonctionne en cas de DAG avec boucles, ce qui a donné naissance à l'algorithme appelé *arbre de jonction*. Il existe un autre algorithme similaire développé par Pearl [Pea88], appelé *Cut-set conditionning*. Il consiste à instancier un certain nombre de variables de telle sorte que le graphe se transforme en arbre, pour qu'on puisse appliquer la propagation de message locaux. Ce processus est répété jusqu'à instanciation de tous les arbres possible et la moyenne est calculée à la fin.

3.3.2 Apprentissage des réseaux Bayésiens

Avant de pouvoir utiliser les réseaux Bayésiens, il faut pouvoir les construire. La construction d'un réseau Bayésien se décompose en deux étapes :

- une étape qualitative qui consiste en la recherche des relations d'influence pouvant exister entre les variables prises deux à deux. Ceci amène à une représentation graphique des relations entre les variables, codée par un graphe.

- une étape quantitative qui consiste à annoter le graphe par une distribution jointe définie sur les variables toute en assurant que le graphe créé précédemment est compatible avec celle-ci.

Nous pouvons identifier trois principales méthodes pour construire un réseau Bayésien modélisant une situation donnée. Un réseau Bayésien peut être construit à partir des connaissances *subjectives* d'un expert humain. Il peut être également synthétisé automatiquement à partir d'un autre type de connaissances formelles. Par exemple, dans de nombreuses applications qui impliquent l'analyse du système, tels que la fiabilité et le diagnostic, il est possible de synthétiser un réseau Bayésien automatiquement à partir de la conception formelle des systèmes. La troisième méthode pour la construction de réseaux Bayésiens est basée sur l'apprentissage à partir des données [Dar09]. L'apprentissage en réseaux Bayésiens fait référence à la structure ou aux paramètres, ou bien les deux en même temps. Deux points importants sont à signaler en apprentissage. Le premier cas concerne les nœuds (les variables) s'ils sont tous connus ou s'il y a des nœuds cachés. Le deuxièmes point concerne l'observabilité des ces variables. On distingue deux cas : une observation complète de toutes les variables ou une observation incomplète.

- **Apprentissage de structure :** une solution triviale pour trouver la meilleure structure d'un réseau bayésien, est de parcourir tous les graphes possibles, de leur associer un score, puis de choisir le graphe ayant le score le plus élevé. Cependant, [Rob77] a montré que le nombre de structures différentes pour un réseau bayésien de n nœuds est super-exponentielle (pour 10 nœuds on a $4,2 * 10^{18}$ graphes possibles), il est donc impossible d'effectuer un parcours exhaustif en un temps raisonnable. Pour cela, La plupart des méthodes d'apprentissage de structure utilisent une heuristique de recherche dans l'espace des graphes acycliques dirigés (dag) [FL06].

– **Apprentissage de paramètres :** l'apprentissage de paramètres consiste à quantifier les liens (arcs/arrêtes) de dépendance entre les variables de la structure, préalablement apprise ou connue, par un calcul de probabilités. Il s'agit de construire les tables de probabilités locales (a priori et conditionnelles) relatives à chaque variable du graphe. De la même façon comme la structure, les paramètres peuvent être fournis à la base des connaissances d'experts ou calculés à partir des données d'apprentissage.

Notons que les algorithmes d'apprentissage des réseaux Bayésiens diffèrent selon le fait que la structure est inconnue ou non, et selon le fait que les données d'apprentissage sont complètes ou incomplètes.

3.4   Classification et réseaux Bayésiens

La classification est une tâche basique en analyse de données et en apprentissage. Elle consiste à attribuer une classe à un ensemble d'attributs caractérisant un objet. Cependant, construire un classifieur à partir d'un ensemble de données pré-classées (étiquetées) est un problème central en apprentissage. Plusieurs méthodes on été proposées, tels que les arbres de décision, les réseaux de Neurones, les règles d'association, etc.

Un classifieur Bayésien est un réseau Bayésien utilisé pour la classification, qui est un cas particulier d'inférence. Dans un réseau Bayésien utilisé

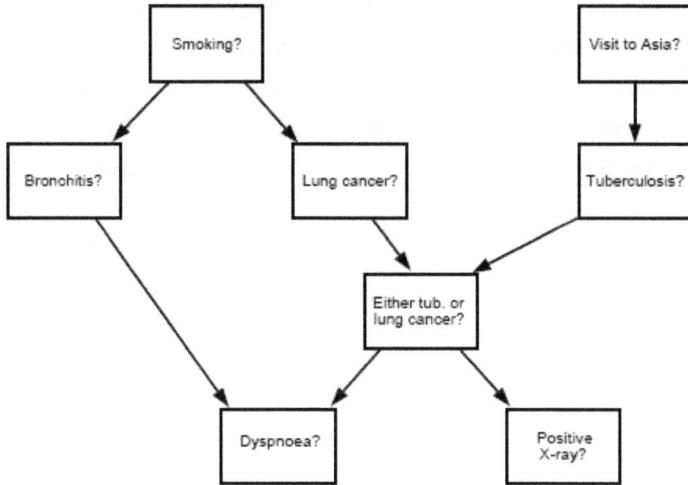

FIGURE 3.5 – *Exemple de classifieur Bayésien « Asia »*

pour la classification, on cherche à inférer la valeur la plus plausible d'une
seule variable non observée, appelé *Classe*, les autres variables, sont observables et constituent généralement les attributs des objets de la classe. La
Figure 3.5 est un exemple académique de classifieur Bayésien, proposé dans
[LS88] dans le domaine du diagnostic médicale.

Ce graphe montre que l'essoufflement-du-souffle (dyspnée) peut être dû à
la tuberculose, le cancer du poumon ou à la bronchite, ou à aucun d'entre eux,
ou à plusieurs causes en même temps. Une récente visite en Asie, augmente
les chances de la tuberculose, tandis que le tabagisme est connu pour être un
facteur de risque pour le cancer du poumon et la bronchite. Les résultats de
la radiographie thoracique ne distinguent pas entre le cancer du poumon et la
tuberculose, ni la présence ou l'absence de la dyspnée.

Voyons maintenant comment peut-on utiliser ce réseau Bayésien pour
diagnostiquer le cas clinique suivante [CDLS99] : un patient se présente à une
clinique avec dyspnée. Sachant qu'il a récemment visité l'Asie, et que l'his-

torique du tabagisme et la radiographie thoracique ne sont pas disponibles. nous voulons savoir la possibilité que chacun de ces cancers soit présente. Nous voulons également savoir si la tuberculose a été écartée par un autre test, comment cela changerait-il nos croyances dans le cancer du poumon. Aussi, est ce que le fait de connaître les antécédents du tabagisme ou obtenir une radiographie thoracique donne plus de renseignements sur le diagnostic du cancer, étant donné que le tabagisme peut expliquer la dyspnée depuis que la bronchite est considérée comme une possibilité de cancer du poumon. Enfin, lorsque tous les renseignements sont présents, peut-on identifier qui était le plus influent dans la formation de notre jugement.

3.4.1 Classifieurs Bayésiens naïfs

Un classifieur Bayésien naïf [SP92] représente la forme la plus simple des réseaux bayésiens. Il se compose d'un graphe avec un seul parent et plusieurs nœuds feuilles, avec une forte hypothèse d'indépendance entre les feuilles dans le contexte de leur parent (Figure 3.6).

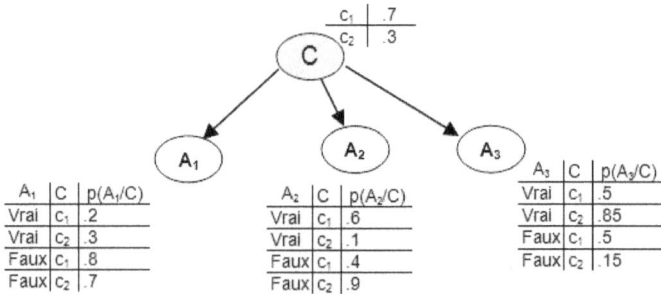

FIGURE 3.6 – *Exemple de réseau Bayésien naïf*

Dans le réseau bayésien naïf de la Figure 3.6, la variable C a deux instances c_1 et c_2 alors que les trois autres variables A_1, A_2 et A_3 peuvent prendre les valeurs $Vrai$ ou $Faux$. La composante quantitative de ce réseau est constituée de quatre distributions de probabilités locales : la distribution a priori de la variable C et les trois distributions conditionnelles de A_1, A_2 et A_3 dans le contexte de la variable C.

La classification est assurée dans les réseaux Bayésiens naïfs en considérant le nœud parent (racine) comme une variable non observée qui représente la classe d'un objet et les nœuds feuilles comme étant des variables observées correspondant aux différents attributs spécifiant cet objet. Par conséquent, en présence de données d'apprentissage, la seule tâche à faire est d'estimer les probabilités conditionnelles puisque la structure du réseau est unique et connue a priori. Une fois le réseau Bayésien paramétré, il est possible de classifier tout nouvel objet, sachant les valeurs de ses attributs. La classification Bayésienne consiste à déterminer l'instance de la variable C la plus probable pour une instance du vecteur d'attributs observés $a_1 a_2..a_n$. L'expression *classe plus probable* exprime l'instance c_k de la variable classe C qui a la plus grande probabilité a posteriori sachant l'observation $a_1 a_2..a_n$. Formellement,

$$classe = argmax_{c_k \in D_C}(P(c_k/a_1 a_2..a_n)) \tag{3.4}$$

où c_k représente une instance de la variable C et $P(c_k/a_1 a_2..a_n)$ représente la probabilité a posteriori de c_k sachant l'observation $a_1 a_2..a_n$ (une instance du vecteur d'attributs $A_1 A_2..A_n$). La règle de Bayes permet de calculer cette probabilité a posteriori comme suit :

$$P(c_i|A) = \frac{P(A|c_i) * P(c_i)}{P(A)} \tag{3.5}$$

Sous l'hypothèse que les attributs sont indépendants dans le contexte du nœud parent C, la probabilité $P(c_i|A)$ peut être développée comme suit :

$$P(c_i|A) = \frac{P(a_1|c_i) * P(a_2|c_i) * .. * P(a_n|c_i) * P(c_i)}{P(A)} \tag{3.6}$$

Notons qu'il n'est pas nécessaire de calculer explicitement le dénominateur $P(A)$ car il est déterminé par la condition de normalisation des distributions de probabilités. Par conséquent, il suffit de calculer pour chaque c_i le numérateur de l'Équation 3.6 pour classifier toute nouvelle instance $a_1 a_2 .. a_n$.

3.4.2 Apprentissage des classifieurs Bayésiens naïfs

En général, dans un classifieur Bayésien naïf (CBN) chaque variable possède un seul parent qui représente la variable de la classe. Cela signifie que la structure est fixe, et la seule tâche de l'apprentissage est d'estimer les paramètres. Les paramètres d'un CBN sont facilement déterminés. Si les observations sont complètes, nous pouvons construire le modèle de maximum de vraisemblance par un simple comptage de fréquence et si les observations contiennent des valeurs manquantes, l'algorithme EM peut être utilisé [JN07].

Cependant, toutes les méthodes d'apprentissage des classificateurs à partir de données ont un problème avec les cas très rares, qui sont peu représentés dans les données. Supposons, par exemple, que certaines valeurs d'un attribut ne se produisent pas avec une valeur donnée de la classe, l'estimation du $P(A|C)$ produit une valeur nulle et rend difficile l'étape d'inférence. Pour éviter les valeurs nulles dans les paramètres, nous pouvons introduire des cas virtuels. Un moyen facile de gérer ceci est de donner à tous les paramètres une petite valeur positive. Une autre solution est d'utiliser l'estimateur de Laplace. Compte tenu d'un facteur prédéfini f, s'il y a N instances de n exemples pour un problème de k valeurs, Laplace estime la probabilité par $(N + f)/(n + kf)$ (pour plus de détails voir [KBS97]).

Les CBN sont faciles à apprendre et faciles à utiliser, et comme ils sont très flexibles en ce qui concerne les valeurs manquantes, ils sont très répandues. Malgré l'hypothèse forte d'indépendance des attributs, les classifieurs bayésiens naïfs réalisent de très bonnes performances [FG96]. En effet, ils

sont, de nos jours, très compétitifs et plusieurs études comparatives empi-
riques ont montré qu'ils dépassent souvent les autres techniques de classification ayant fait jusque là autorité sur de nombreuses bases de données. Une
raison à cela est que, quand on fait la classification, on est intéressé par la
classe de la probabilité maximale et non pas par la distribution de probabilités exacte sur les classes [JN07]. Naturellement, la performance des réseaux
Bayésiens naïfs atteint son optimum lorsque les attributs sont effectivement
indépendants [LIT92]. Le classifieur naïf de Bayes est robuste et peu sensible
aux attributs non pertinents dans le sens que le processus de classification utilise tous les attributs [Koh96].

3.4.3 Extension des classifieurs Bayésiens naïfs

Les CBNs supposent que les attributs sont indépendants dans le contexte
de la classe. Même si cette hypothèse est rarement vérifiée, les CBNs réalisent des performances de classification étonnantes. Cependant, dans certaines situations, on est particulièrement intéressé par la détection de certaines valeurs rares de la classe. Étant donnés que ces valeurs de la classe
sont rares, cela n'affecte pas de manière significative les performances des
CBNs.

Une instance rare de la classe est souvent identifiée à travers un ensemble de
valeurs d'attributs qui apparaissent ensemble, où chaque valeur seule n'indique pas la bonne valeur de la classe [JN07]. Les CBNs ne permettent pas
une telle relation entre les attributs, car ils supposent que les attributs sont
indépendants étant donnée la classe. Par conséquent, nous devons chercher
une structure plus élaborée qui permet de prendre en considération les dépendances entre les attributs. Une simple extension des CBN est de les augmenter en arbre (TAN [2]) [FGG+97], où chaque variable attribut admet au plus
une variable parent, en plus de la classe (voir Figure 3.7).

---

2. Tree Augmented Naive Bayes.

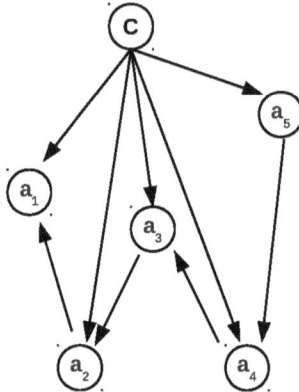

FIGURE 3.7 – *Exemple d'un réseau Bayésien naïf augmenté en arbre*

Contrairement aux CBNs, la structure d'un TAN n'est pas donnée, et il va falloir l'apprendre à partir des données. Si nous ignorons le lien entre la classe et les différentes variables qui sont déjà connus, le problème revient à chercher l'arbre qui maximise la vraisemblance sur les données. En effet, le problème est résolu grâce à une légère modification de l'algorithme de Chow-Liu [CL68] en utilisant l'information mutuelle conditionnelle plutôt que l'information mutuelle.

3.4.4   Exemple d'un classifieur Bayésien en détection d'intrusions

Dans [KMRV03], les auteurs ont constaté que le problème des fausses alertes dans les approches comportementales est dû principalement à deux raisons : la première est que la décision finale du détecteur est prise suite à une simple agrégation de plusieurs modèles. Souvent, une simple opération de sommation des résultats des différents modèles est effectuée et comparée à un seuil donné. L'autre raison est le manque d'intégration d'informations additionnelles au processus de prise de décision. Ces informations peuvent être relatives aux modèles, telles que la confiance donnée aux résultats des différents modèles, ou peuvent être extraites de sources externes aux modèles.

Pour palier à ces inconvénients, les auteurs ont proposé un modèle de classification des événements d'audits basé sur les réseaux Bayésiens. Les réseaux Bayésiens permettent d'améliorer l'agrégation des différents modèles et d'intégrer des informations additionnelles au processus de décision.

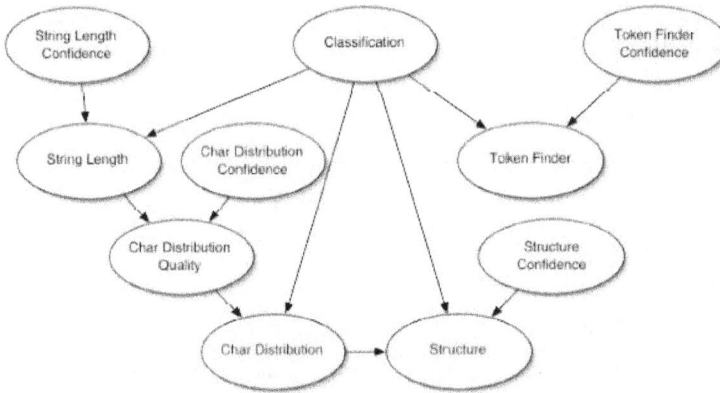

FIGURE 3.8 – *Réseau Bayésien pour la classification des appels systèmes open et execve [KMRV03]*

Dans [KMRV03], les auteurs ont mis en place un système de détection d'intrusions qui analyse les appels des procédures des systèmes d'exploitation pour détecter les attaques contre les applications serveurs et les programmes en mode root sur les ordinateurs exécutant Linux ou Solaris.

La Figure 3.8 montre la structure des réseaux Bayésiens pour les appels système *open* et *execve*. Les deux appels système ont deux paramètres et sont surveillés par le système de détection d'intrusions. Parmi les modèles de paramètres des chaines de caractères utilisés pour la surveillance des ces deux appels système on trouve : la longueur de la chaîne, la distribution des caractères et la structure qui sont attachées directement à la classe. Dans ce système de détection d'intrusions, des réseaux Bayésiens similaires mais plus simples sont utilisés pour d'autres appels système surveillés qui n'ont qu'un seul argument.

Dans [KMRV03], les auteurs affirment que les résultats expérimentaux montrent que la précision du processus de classification des événements est significativement améliorée grâce à l'approche proposée.

Conclusion

Dans ce chapitre, nous avons brièvement introduit les modèles graphiques, notamment les réseaux Bayésiens, qui constituent le support théorique de nos contributions dans le domaine de la détection d'intrusions. Ces contributions seront présentées dans la deuxième partie de ce livre.

Par ailleurs, le choix des modèles graphiques est motivé par le fait qu'ils sont des outils très puissants de représentation des connaissances qui permettent de manipuler des données complexes, incomplètes et incertaines. De plus, les modèles graphiques sont capables de modéliser tout système simple ou complexe en le simplifiant en un ensemble de variables pertinentes et une distribution de probabilités jointe qui couvre tous les cas possibles du système.

En outre, les modèles graphiques permettent de modéliser plusieurs types de dépendances entre les variables du système. En effet, selon le modèle utilisé, ils permettent de modéliser des dépendances simples, multiples, causales, temporelles, etc.

Enfin, les modèles graphiques peuvent traiter des données incomplètes et surtout incertaines, ce qui est souvent le cas en détection d'intrusions. En effet, les outils de la sécurité ne sont pas totalement fiables, des attaques peuvent passer inaperçues et d'autres sont annoncées à tord. Finalement, les modèles graphiques représentent une panoplie d'outils relativement simples à mettre en œuvre mais surtout très puissants et offrent des mécanismes d'inférence très précis et très efficaces.

Deuxième partie

Corrélation d'alertes en détection d'intrusions

Chapitre 4

Modélisation de la corrélation d'alertes à base de réseaux Bayésiens naïfs

4.1 Introduction

L'approche de corrélation d'alertes que nous allons présenter dans ce chapitre est basée sur les réseaux Bayésiens, plus précisément les classifieurs
Bayésiens naïfs. Le but de cette approche est d'apprendre, à partir de l'historique des observations, les relations entre les alertes qui contribuent à compromettre des objectifs d'intrusion sous la forme de scénarios d'attaque.

Le résultat de cet apprentissage automatique est un réseau Bayésien naïf
qui détermine le niveau d'influence de chaque action sur les objectifs d'intrusion en utilisant les distributions de probabilités conditionnelles calculées
à partir de l'historique des observations. Une fois les distributions de probabilités des différents nœuds du réseau calculées, ce modèle nous aide à
bien comprendre les scénarios d'attaque et il peut être utilisé pour prédire
si un objectif d'intrusion peut être prochainement atteint ou non, selon une
observation partielle ou complète d'un ensemble de variables potentielles de
l'environnement surveillé.

Avant de détailler notre approche, il convient de donner les définitions de
certaines notions que nous utiliserons dans ce livre :

Définition 8. *(Action)*
*Une action est une opération menée par un sujet sur un objet. Un sujet peut
être une personne ou un processus. Un objet peut être un serveur, une impri-
mante, un fichier, etc. Par exemple, se connecter à un serveur est une action.*

Définition 9. *(Attaque)*
*Une attaque est une action malveillante. Par exemple, ouvrir un nombre très
grand de connexions sur un serveur dans le but de le surcharger est une
attaque de type déni de service* [1].

---

1. Une attaque par déni de service (denial of service attack, d'où l'abréviation DoS) est une
attaque ayant pour but de rendre indisponible un service et d'empêcher les utilisateurs légitimes
de l'utiliser.

Définition 10. *(Alerte)*

Une alerte est une alarme levée par un SDI lorsqu'une attaque est détectée. Les alertes seront le point d'entrée de notre approche. La Figure 4.1 présente un exemple d'alerte générée par le SDI Snort [2] qui rapport un « scan » de réseau par l'outil « Nmap [3] ».

> [**] [1 :469 :3] ICMP PING NMAP [**]
> [Classification : Attempted Information Leak] [Priority : 2]
> 11/05-19 :17 :08.399742 192.168.1.2 -> 192.0.3.93
> ICMP TTL :58 TOS :0x0 ID :64506 IpLen :20 DgmLen :28
> Type :8 Code :0 ID :38470 Seq :0 ECHO
> [Xref => http ://www.whitehats.com/info/IDS162]

FIGURE 4.1 – *Exemple d'alerte générée par Snort*

Définition 11. *(Objectif d'intrusion)*

Un objectif d'intrusion est la cible d'un scénario d'attaque. Les objectifs d'intrusion seront également des données d'entrée dans notre approche. Un objectif d'intrusion peut être par exemple la saturation d'un serveur Web.

Définition 12. *(Intrus)*

Un intrus est une personne malintentionnée qui vise à compromettre la sécurité d'un système d'information en exécutant des actions malveillantes.

Définition 13. *(Opérateur de sécurité)*

Un opérateur de sécurité est une personne responsable de la sécurité du système d'information. Par exemple, il est responsable de l'analyse des fichiers Logs des SDIs.

Dans la section suivante nous présentons un survol d'un certain nombre de méthodes utilisant les classifieurs Bayésiens en détection d'intrusions et en corrélation d'alertes.

---

2. Snort est un SDI gratuit. http://www.snort.org
3. Nmap est un scanneur réseau gratuit. http://www.nmap.org

4.2 Classifieurs Bayésiens en détection d'intrusions et corrélation d'alertes

Depuis leurs apparitions, les réseaux Bayésiens ont été utilisés dans plusieurs disciplines. Ces dernières années, ils ont particulièrement fait leur preuve dans la détection d'intrusions. Cependant, peu de travaux ont appliqué les réseaux Bayésiens dans la corrélation d'alertes.

4.2.1 Approches utilisant les réseaux Bayésiens dans la détection d'intrusions

Les réseaux Bayésiens ont été introduits dans le domaine de la détection d'intrusions par plusieurs chercheurs. Par exemple, ils ont été utilisés comme classifieur pour la détection d'intrusions dans [Axe04, mBE04, KFH05, KMRV03, PMm03]. Ils ont été également utilisés pour la détection des attaques en cybercriminalité dans [AGM$^+$03], la reconnaissance de plans d'attaque dans [GG01, QL04], la détection d'intrusions distribuées et multi-agents dans [BWC02, GFV05, Sco04], etc.

Abouzakhar et al. [AGM$^+$03] ont proposé une approche d'apprentissage des réseaux Bayésiens pour la détection en cybercriminalité, afin de détecter les attaques distribuées le plutôt possible. Ben Amor et al. [mBE04] ont fait une étude comparative entre l'utilisation des réseaux Bayésiens naïfs et les arbres de décision comme classifieurs pour différencier entre les connexions TCP/IP normales et anormales. Axelsson [Axe04] a proposé un système de détection d'intrusions basé sur les statistiques combiné avec un composant de visualisation afin de pallier au taux faible de détection d'intrusions et le taux élevé de fausses alertes. Cette approche se base sur un mécanisme de filtrage similaire au filtrage de Spam dans le courrier électronique. Elle permet au système de faire la différence entre les accès normaux et malicieux. Dans [Sco04], Scott a décrit un paradigme pour la conception d'un système de détection d'intrusions basé sur des modèles stochastiques. Le principe est de baser la détection d'intrusions sur les modèles stochastiques des utilisateurs combinés avec le comportement des intrus, en utilisant une approche Bayésienne. Dans [GFV05], les auteurs ont mis au point un système de détection d'intrusions probabiliste multi-agents. Ce système est une architecture coopérative multi-agents dans laquelle des agents autonomes peuvent effectuer des tâches spécifiques de détection d'intrusions et collaborer avec les autres agents en partageant leurs croyances sur un seul réseau Bayésien (fourni par un expert).

Toutes ces approches ont été proposées pour la détection d'intrusions et non pas pour la corrélation d'alertes. Particulièrement, l'entrée de ces systèmes n'est pas un ensemble d'alertes. La sous section suivante positionne notre travail par rapport aux approches qui utilisent les réseaux Bayésiens pour la corrélation d'alertes.

4.2.2 Approches utilisant les réseaux Bayésiens dans la corrélation d'alertes

Qin et Lee [QL04] ont proposé une approche pour la reconnaissance et la prédiction de plans d'attaque à base de réseaux de causalité. Dans cette approche, les auteurs utilisent des arbres de décision pour définir une bibliothèque de plans d'attaque pour corréler les alertes. Ils transforment ensuite ces arbres en réseaux Bayésiens sur lesquels ils peuvent affecter des distributions de probabilités en intégrant les connaissances nécessaires, pour enfin évaluer le risque des objectifs d'intrusion et de prédire les futures attaques. Plus récemment, dans [FW08], les auteurs ont proposé une approche basée sur les réseaux Bayésiens pour l'évaluation de la sécurité des ordinateurs dans un réseau informatique. Ils interprètent dans un premier temps un graphe d'attaque donné (ce graphe est supposé être obtenu par un outil automatique) comme un réseau Bayésien. Ensuite, ils combinent les scores individuels CVSS (Common Vulnerability Scoring System) en utilisant leurs relations causales. Enfin, ils intègrent l'effet temporel du score CVSS pour dériver une mesure de sécurité finale.

La principale différence avec notre approche est que les graphes d'attaque doivent être explicitement définis par un expert dans [QL04] ou fournis par un outil automatique externe dans [FW08]. Nous verrons plus loin dans notre approche que les scénarios d'attaque sont obtenus automatiquement (nous n'avons pas besoin de déterminer a priori l'ensemble des actions impliquées dans les scénarios). Notre approche est plus facile à mettre en œuvre et ne nécessite pas une grande contribution des connaissances d'experts.

4.3 Attaques coordonnées et corrélation d'alertes

Durant la surveillance des systèmes d'information, les SDIs génèrent des alertes lorsque des actions suspectes sont observées. Les alertes rapportées chaque jour représentent des instanciations d'un ensemble fini d'actions modélisées dans le système. Par exemple, des centaines d'alertes « ICMP ping » peuvent être générées après un « scan » du réseau, et qui représentent des instances d'une même action « scan ». Comme nous le verrons plus loin dans notre approche, les actions représenteront les variables d'intérêt de notre réseau Bayésien naïf.

Généralement, un intrus effectue des actions dans un ordre bien défini appelé « scénario d'attaque ». Dans un scénario d'attaque, les premières actions modifient un système d'information ou fournissent des informations à un intrus, en vue d'accomplir les dernières actions. Donc, un scénario d'attaque peut être modélisé comme un processus de planification d'actions qui transforment un système d'information d'un état à un autre, jusqu'à ce qu'il atteigne un certain état cible, appelé « Objectif d'intrusion » [CM02].

Dans notre approche, nous ne nous intéressons pas à déterminer l'ordre exact dans lequel un ensemble d'actions a été exécuté de manière à atteindre un objectif d'intrusion. Nous sommes plus intéressés, d'une part à déterminer quelles sont les actions qui peuvent être impliquées dans la violation d'un objectif d'intrusion, et d'autre part à développer un outil qui permet de prédire quel objectif d'intrusion pouvant être atteint.

Il convient de noter que d'une manière générale, les objectifs d'intrusion peuvent être sélectionnés à partir des alertes rapportées par les SDIs, par exemple ceux qui ont un niveau de sévérité élevé sur le système d'information ou ceux relatifs à un certain type d'attaques telles que les attaques par déni de service. Ils peuvent également être spécifiés explicitement par un opérateur de sécurité. Par exemple, un objectif d'intrusion peut être la mise hors service (perte de disponibilité) non programmée de certains services. Dans ce second cas, l'objectif d'intrusion représente les conséquences d'une action malveillante. Dans notre approche, les objectifs d'intrusion sont décrits par des alertes. Par conséquent, si un objectif d'intrusion est décrit par ses conséquences sur le système d'information, il sera représenté par une alerte « virtuelle ». Ces alertes virtuelles ont trois attributs : le temps de détection, le nom et l'adresse de l'hôte concerné par l'attaque.

Dans ce qui suit, nous donnons une définition formelle d'un scénario d'attaque.

Définition 14. *(scénario d'attaque)*
Un scénario d'attaque est défini comme étant un ensemble $S = \{A_1, A_2, ..., A_n, O\}$, dont les A_i représentent des instances d'actions et O, un objectif d'intrusion, tel que :

A_i a une influence positive sur O.

Cette définition est plus faible que celle utilisée dans [BAC03]. Une définition possible de l'influence est donnée comme suit :

Définition 15. *(influence d'une action)*

Une action A a une influence positive sur un objectif d'intrusion O si $P(O|A) >$ $P(O)$.

Comme nous le verrons plus loin dans ce chapitre, l'objectif d'intrusion (O) représentera la variable classe du réseau Bayésien naïf et les actions (A_i) représenteront les variables feuilles du réseau Bayésien naïf.

Il convient de noter que les scénarios d'attaque ne sont pas totalement disjoints, ils peuvent se chevaucher et avoir une ou plusieurs actions en commun. De ce fait, nous pouvons avoir des actions impliquées dans plusieurs scénarios d'attaque, ou des objectifs d'intrusion atteints par plusieurs scénarios d'attaque. Par exemple, un déni de service peut être effectué par un simple « Ping de la mort »[4] ou « Synflood »[5], ou par une attaque plus sophistiquée telle que « Smurf »[6].

L'objectif de notre approche est de détecter les scénarios d'attaque le plutôt possible et de prévoir ceux qui sont les plus plausibles. Étant donné un objectif d'intrusion, nous pouvons distinguer trois types d'actions :

– Actions avec une *influence négative* sur l'objectif d'intrusion qui diminuent la probabilité d'atteindre l'objectif d'intrusion, tel que : $P(O|a) <$ $P(O)$.

– Actions avec une *influence positive* sur l'objectif d'intrusion qui augmentent la probabilité d'atteindre l'objectif d'intrusion sans vraiment y parvenir, tel que : $P(O|a) > P(O)$ *et* $P(O|a) <$ *Seuil*. Cela signifie que la probabilité d'atteindre l'objectif d'intrusion augmente sans dépasser un certain seuil fixé par l'opérateur de sécurité (50% par exemple).

– Actions avec une *influence critique* sur l'objectif d'intrusion qui per-

---

4. une attaque par envoi continu de messages ICMP echo-request pour surcharger la cible.

5. une attaque par demande continue de connexion (SYS) sans jamais confirmer par un acquittement (ACK) pour surcharger le serveur.

6. une attaque par envoi d'une multitude de paquets ICMP echo-request à des adresses de broadcasts avec une fausse adresse source. La masse de réponses de ces broadcasts par des ICMP echo-reply surcharge la cible.

mettent d'atteindre directement l'objectif d'intrusion, tel que : $P(O|a) > P(O)$ *et* $P(O|a) > Seuil$. Cela signifie que la probabilité d'atteindre l'objectif d'intrusion dépasse le seuil fixé.

Les deux sections suivantes présentent les deux principales étapes de notre approche :

1. **Prétraitement des observations et sélections des attributs :** dans cette étape nous transformons un ensemble d'alertes en un ensemble de données formatées, qui sera utilisé pour l'apprentissage du réseau Bayésien naïf. En effet, l'entrée de notre problème est un ensemble d'alertes, alors que dans un problème de classification l'entrée est une table (en format CSV par exemple). Dans ce format, la dernière colonne contient la classe et les autres colonnes représentent les variables (actions) observables. Par conséquent, nous devons transformer l'ensemble des alertes dans un tableau à partir duquel un réseau Bayésien naïf peut être facilement appris.

2. **Apprentissage des réseaux Bayésiens naïfs et prédiction des objectifs d'intrusion :** dans cette étape, les distributions de probabilités conditionnelles de chaque variable étant donnée la classe sont d'abord appris à partir des données obtenues lors de la première étape. Ensuite, la prédiction des objectifs d'intrusion est effectuée par l'application des mécanismes d'inférence des réseaux Bayésiens naïfs.

Nous allons maintenant décrire les deux étapes de notre approche.

4.4 Prétraitement des observations et sélection des attributs

Pour apprendre un réseau Bayésien naïf à partir des données d'observation, nous devons dans un premier temps effectuer un prétraitement sur ces données. Rappelons d'abord les entrées et les sorties de notre modèle. Il y a deux entrées dans notre modèle. La première entrée est un ensemble d'alertes rapportées par les SDIs. La deuxième entrée est un ensemble d'objectifs d'intrusion à protéger. La sortie (ou résultat) de notre modèle est un réseau Bayésien naïf qui sera utilisé pour prédire les objectifs d'intrusion.

Le prétraitement de données consiste à transformer l'ensemble des alertes en un ensemble de données formatées à partir duquel un réseau Bayésien naïf sera appris. L'étape de prétraitement est composée de trois sous étapes. Premièrement, le passage d'un ensemble d'alertes brutes à un ensemble de données formatées pour tous les objectifs d'intrusion. Ensuite, cet ensemble de données formatées sera fractionné en plusieurs sous ensembles, où chacun concerne un seul objectif d'intrusion. Enfin, chaque sous ensemble subit une opération de sélection d'attributs pour déterminer les variables pertinentes pour l'apprentissage de l'objectif d'intrusion en question.

4.4.1 D'un ensemble d'alertes à un ensemble de données formatées sur tous les objectifs d'intrusion

L'historique des observations, qui est un ensemble d'alertes générées par les SDIs, nous informe sur les actions exécutées dans l'environnement surveillé et sur l'état des objectifs d'intrusion (s'ils ont été atteints ou non).

Nous allons d'abord trier les alertes par ordre chronologique en fonction du temps de la détection et les diviser en groupes ($W_1, W_2, W_3, etc.$), selon une fenêtre de temps donnée (voir la Figure 4.2 (a)), déterminée expérimentalement [7] (de quelques minutes à quelques heures). En fait, la taille de la fenêtre de temps dépend de l'objectif d'intrusion et constitue habituellement le temps nécessaire pour réaliser le scénario d'attaque. Ces fenêtres de temps sont essentielles pour définir l'ensemble des actions impliquées dans les ob-

---

7. Dans la section 8.3, nous montrons expérimentalement comment déterminer ces fenêtres de temps.

jectifs d'intrusion.

Définition 16. *(fenêtre de temps)*
Une fenêtre de temps de taille t associée à un objectif d'intrusion O signifie que si O est atteint à t_0, alors toutes les actions observables qui ont contribué à sa compromission ont eu lieu entre $t_0 - t$ et t_0.

Ensuite, nous regroupons tous les objectifs d'intrusion dans une seule classe appelée « Objectifs-Intrusion » et nous numérotons les objectifs d'intrusion de 1 à N, où N est le nombre d'objectifs d'intrusion à protéger. Ces valeurs seront ensuite utilisées pour étiqueter les fenêtres que nous avons construit. Lorsqu'aucun objectif d'intrusion n'est observé dans une fenêtre de temps, celle-ci est étiquetée avec la valeur 0 pour indiquer l'absence de tout objectif d'intrusion. Notons que l'étiquetage d'une fenêtre par la valeur 0 signifie simplement que la fenêtre ne contient pas les objectifs d'intrusion surveillés et ne signifie pas que le trafic soit normal.

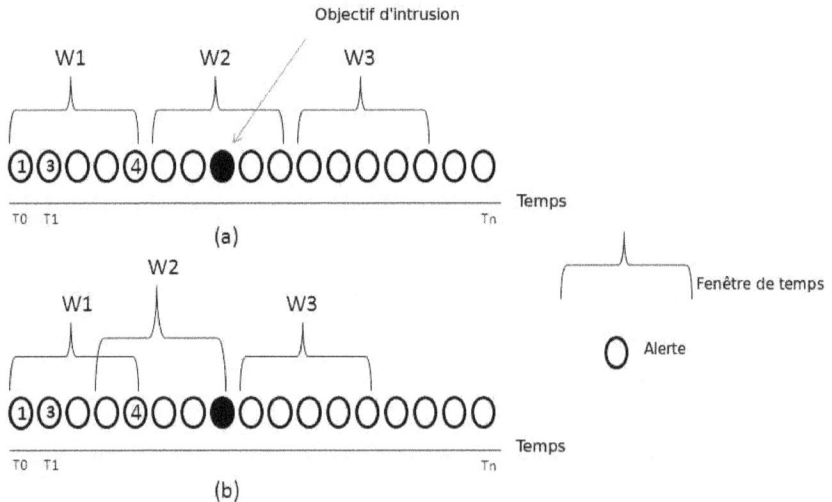

FIGURE 4.2 – *Prétraitement des observations*

Enfin, ces fenêtres seront utilisées pour construire un tableau de données formatées où les colonnes de 1 à $(M - 1)$ correspondent aux différentes actions rapportées par les alertes et la dernière colonne correspond à l'ensemble des objectifs d'intrusion surveillés. Pour chaque fenêtre, nous associons une ligne dans le tableau, où pour chaque action observée dans cette fenêtre, nous complétons la colonne correspondante par la valeur « 1 » pour dire que cette action est observée. Le reste des actions est remplie par la valeur « 0 » pour dire qu'elles ne sont pas observées dans cette fenêtre. Nous remplissons la dernière colonne par le numéro associé à la fenêtre. La procédure de prétraitement des observations est résumée par l'Algorithme 1.

Notons que si un objectif d'intrusion est observé au milieu d'une fenêtre, nous déplaçons cette fenêtre à gauche jusqu'à ce qu'elle se termine sur cet objectif d'intrusion. Nous faisons cela afin de nous assurer que toutes les actions impliquées dans chaque objectif d'intrusion soient présentes dans la même fenêtre. Dans le cas où une fenêtre contient plusieurs objectifs, celle-ci sera déplacée à gauche plusieurs fois (un déplacement pour chaque objectif), ce qui donnera naissance à plusieurs nouvelles fenêtres. Procéder de cette façon signifie que certaines actions peuvent être considérées dans deux fenêtres simultanément. Par exemple, dans la Figure 4.2 (b) l'action 4 appartient aux fenêtres W_1 et W_2. W_1 contient un trafic normal, alors que W_2 contient un scénario d'attaque (car à la fin de la fenêtre W_2 un objectif d'intrusion est atteint). En fonction de la fréquence d'observation de l'action 4 sur des fenêtres normales ou anormales, nous pouvons déterminer si l'action 4 est suspecte ou non.

Notons également que les observations concernent tous les hôtes du réseau surveillé. Nous appliquons alors cette première étape pour chaque hôte individuellement et nous fusionnons à la fin les résultats obtenus dans un seul tableau.

Algorithme 1 : Prétraitement des observations

Données : Historique des observations (alertes)
Résultat : Tableau de vecteurs;
début

    Grouper tous les objectifs d'intrusion dans une classe appelée
    « Objectifs-Intrusion »;
    Affecter à chaque objectif d'intrusion un numéro de 1 à N;
    pour *chaque hôte* **faire**
        Trier les actions observées chronologiquement;
        Subdiviser les observations en sous groupes, selon une certaine
        fenêtre de temps;
        pour *chaque fenêtre* **faire**
            si *un objectif d'intrusion est observé dans cette fenêtre* **alors**
                Déplacer la fenêtre à gauche jusqu'à ce qu'elle se termine
                sur cet objectif;
                Étiqueter la fenêtre par le numéro de l'objectif d'intrusion
                observé;
            sinon
                Étiqueter la fenêtre par la valeur « 0 » ;
            Construire le vecteur correspondant à la fenêtre;
    Arranger tous les vecteurs dans un seul tableau;
fin

Exemple 1

    Considérons un exemple simple sur un trafic réseau simulé. Il ne s'agit pas
d'une étude expérimentale, mais juste d'un exemple pour illustrer les principales étapes de notre algorithme. Deux études expérimentales seront données dans la troisième partie de ce livre. Supposons que nous surveillons un
système d'information et que les alertes rapportées concernent un ensemble
formé de 7 actions $\{A_1, A_2, A_3, A_4, A_5, A_6, A_7\}$. Supposons maintenant que
nous nous intéressons à deux objectifs d'intrusion O_1 et O_2. Pour simplifier
l'exemple nous considérons que les deux objectifs sont représentés par les
deux actions A_1 et A_4 ($O_1 = A_1$ et $O_2 = A_4$). Les alertes rapportées pendant

une semaine dans un réseau simulé sont les suivantes [8] :

$(A_7, 89.84.4.25, 172.16.3.19, 2007\text{-}09\text{-}03\ 1 : 12 : 33)$,

$(A_5, 195.92.226.199, 172.16.3.19, 2007\text{-}09\text{-}04\ 18 : 18 : 42)$,

$(A7, 89.84.4.25, 172.16.2.1, 2007\text{-}09\text{-}04\ 18 : 18 : 45\ )$,

$(A_3, 195.92.226.199, 172.16.3.19, 2007\text{-}09\text{-}04\ 18 : 20 : 55)$,

$(A_7, 195.92.226.199, 172.16.3.19, 2007\text{-}09\text{-}04\ 18 : 22 : 30)$,

$(A_1, 195.92.226.199, 172.16.3.19, 2007\text{-}09\text{-}04\ 18 : 25 : 35\ )$,

$(A_2, 65.203.229.71, 172.16.10.200, 2007\text{-}09\text{-}05\ 15 : 39 : 39)$,

$(A_6, 65.203.229.71, 172.16.10.200, 2007\text{-}09\text{-}05\ 15 :40 :41)$,

$(A_4, 65.203.229.71, 172.16.10.200, 2007\text{-}09\text{-}05\ 15 : 42 : 10)$,

$(A_7, 89.84.4.25, 172.16.3.19, 2007\text{-}09\text{-}05\ 15 : 42 : 10)$,

$(A_2, 65.203.229.71, 172.16.10.222, 2007\text{-}09\text{-}05\ 18 : 14 : 35)$,

$(A_6, 65.203.229.71, 172.16.10.222, 2007\text{-}09\text{-}05\ 18 : 14 : 47)$,

$(A_4, 65.203.229.71, 172.16.10.222, 2007\text{-}09\text{-}05\ 18 : 15 : 11)$,

$(A_5, 74.54.25.2, 172.16.0.7, 2007\text{-}09\text{-}06\ 19 : 38 : 42)$,

$(A_3, 74.54.25.2, 172.16.0.7, 2007\text{-}09\text{-}06\ 19 : 40 : 55)$,

$(A_7, 89.84.4.25, 172.16.3.19, 2007\text{-}09\text{-}06\ 19 : 42 : 33)$,

$(A_1, 74.54.25.2, 172.16.0.7, 2007\text{-}09\text{-}06\ 19 : 42 : 43)$,

$(A_5, 74.54.25.2, 172.16.0.12, 2007\text{-}09\text{-}08\ 14 : 38 : 42)$,

$(A_3, 74.54.25.2, 172.16.0.12, 2007\text{-}09\text{-}08\ 14 : 10 : 55)$,

$(A_1, 74.54.25.2, 172.16.0.12, 2007\text{-}09\text{-}08\ 14 : 12 : 43)$.

D'abord, nous définissons la classe des objectifs d'intrusion surveillés, ici $OI = \{0, 1, 2\}$ (la valeur « 1 » désigne la présence de O_1, la valeur « 2 » désigne la présence de O_2, et la valeur « 0 » désigne l'absence de O_1 et O_2). Ensuite, nous trions les alertes chronologiquement et nous les subdivisons en fenêtres pour chaque hôte séparément comme montré sur la Figure 4.3.

---

8. Les alertes sont affichées comme suit : (nom de l'attaque, adresse IP source, adresse IP cible, temps de la détection). Elles sont affichées par ordre de détection.

Cette figure montre la procédure de formatage des observations pour 6 hôtes distincts du réseau simulé de l'adresse 172.16.0.0/16. Les hôtes surveillés sont : 172.16.3.19, 172.16.2.1, 172.16.10.200, 172.16.10.220, 172.16.0.7, et 172.16.0.12. Par exemple, pour l'hôte 172.16.3.19, 7 alertes ont été observées dans l'ordre suivant : A_7, A_5, A_3, A_7, A_1, A_7, et A_7. Maintenant, en subdivisant ces observations par une fenêtres de 2 heures, nous obtenons 4 fenêtres W_1, W_2, W_3, et W_4. Nous remarquons que la fenêtre W_2 contient l'objectif O_1, donc cette dernière sera étiquetée par la valeur « 1 » et les autres par la valeur « 0 ». Enfin, les données formatées à partir de toutes les observations sont regroupées dans le Tableau 4.1.

	A_1	A_2	A_3	A_4	A_5	A_6	A_7	OI
W_1	0	0	0	0	0	0	1	0
W_2	1	0	1	0	1	0	1	1
W_3	0	0	0	0	0	0	1	0
W_4	0	0	0	0	0	0	1	0
W_5	0	0	0	0	0	0	1	0
W_6	0	1	0	1	0	1	0	2
W_7	0	1	0	1	0	1	0	2
W_8	1	0	1	0	1	0	0	1
W_9	1	0	1	0	1	0	0	1

TABLE 4.1 – *Données formatées pour tous les objectifs surveillés (la valeur « 0/1 » signifie que l'action a été « observée/non observée » sur la fenêtre correspondante)*

4.4.2 D'un ensemble de données d'apprentissage pour tous les objectifs d'intrusion aux données d'apprentissage par objectif d'intrusion

Nous construisons un réseau Bayésien naïf pour chaque objectif d'intrusion. La raison pour laquelle nous considérons un réseau Bayésien par objectif d'intrusion, au lieu d'un seul réseau Bayésien avec une variable classe

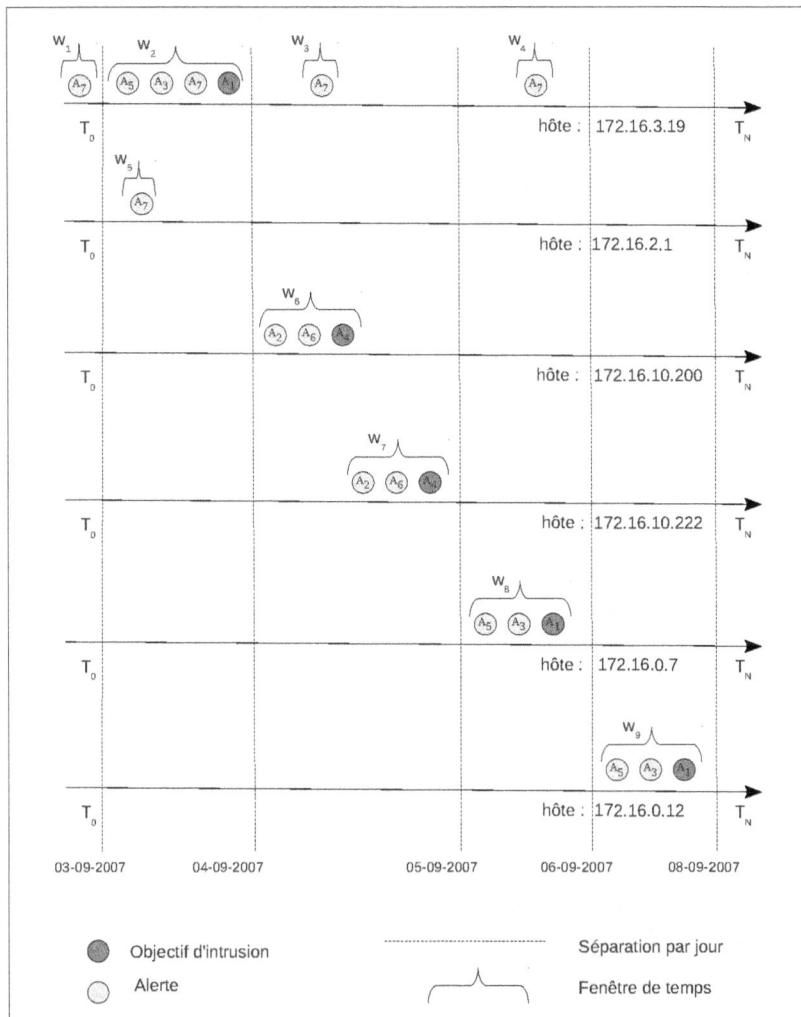

FIGURE 4.3 – *Prétraitement des observations pour les objectifs d'intrusion O_1 et O_2 (ici nous supposons que O_1 et O_2 nécessitent au maximum 2 heures pour être atteints)*

contenant tous les objectifs d'intrusion, est que les objectifs d'intrusion ne sont pas exclusifs. Il peut arriver que deux objectifs d'intrusion différents O_1 et O_2 soient atteints simultanément, à savoir $P(O_1) = P(O_2) = 1$. En définissant un réseau Bayésien naïf par objectif d'intrusion, il est possible de représenter une telle situation. Toutefois, si un seul réseau Bayésien naïf est utilisé, nous allons avoir $P(O_1) = P(O_2) = 0, 5$. Et s'il y a N objectifs d'intrusion qui sont atteints, alors nous ne pouvons pas représenter une telle situation et nous allons avoir $P(O_i) = \frac{1}{N}$, ce qui signifie que la probabilité d'atteindre chaque objectif d'intrusion est faible. Sur la base de ce constat, nous allons modifier légèrement le tableau obtenu dans l'étape précédente (à savoir, le Tableau 4.1 dans notre exemple), en le fractionnant en plusieurs tableaux, chacun concerne un seul objectif d'intrusion. Plus précisément, si nous voulons construire le réseau Bayésien associé à un objectif d'intrusion O_i, nous remplaçons son numéro dans la colonne « OI » par la valeur « 1 » et les autres objectifs d'intrusion par la valeur « 0 ». Ainsi, nous obtenons un tableau pour chaque objectif d'intrusion.

4.4.3 Sélections des attributs

En général, les tableaux obtenus dans la phase précédente peuvent contenir un nombre élevé d'actions. Cependant, ces actions ne sont pas toutes pertinentes pour les objectifs d'intrusion. Pour cela, nous sélectionnons uniquement les actions pertinentes pour la construction des réseaux Bayésiens moyennant le test d'indépendance conditionnelle χ^2.

Le test du χ^2 [GW06] permet, partant d'une hypothèse et d'un risque supposé au départ, de rejeter l'hypothèse si la distance entre deux ensembles d'informations est jugée excessive. Il est particulièrement utilisé comme un test d'adéquation d'une loi de probabilité à un échantillon d'observations supposées indépendantes et de même loi de probabilité. Un test d'homogénéité concerne un problème voisin, la comparaison d'échantillons issus de populations différentes. De manière assez différente, un test d'indépendance porte sur des données qualitatives.

La sélection d'actions nous permet de construire des réseaux Bayésiens avec un nombre réduit d'actions. Les actions sélectionnées sont généralement différentes d'un réseau Bayésien à un autre. Dans notre exemple, la sélection d'actions a donné $\{A_3, A_5\}$ pour O_1 et $\{A_2, A_6, A_7\}$ pour O_2.

Exemple 1 (suite)

Le Tableau 4.2 contient des données formatées pour les objectifs d'intrusion O_1 et O_2. Ces données ont été obtenues à partir du Tableau 4.1.

	A_3	A_5	O_1
W_1	0	0	0
W_2	1	1	1
W_3	0	0	0
W_4	0	0	0
W_5	0	0	0
W_6	0	0	0
W_7	0	0	0
W_8	1	1	1
W_9	1	1	1

	A_2	A_6	A_7	O_2
W_1	0	0	1	0
W_2	0	0	1	0
W_3	0	0	1	0
W_4	0	0	1	0
W_5	0	0	0	0
W_6	1	1	0	1
W_7	1	1	0	1
W_8	0	0	0	0
W_9	0	0	0	0

TABLE 4.2 – *Données d'apprentissage des objectifs d'intrusion O_1 et O_2 (la valeur « 0/1 » dans la dernière colonne signifie que l'objectif d'intrusion a été « atteint/non atteint » sur la fenêtre correspondante)*

4.5 Apprentissage des réseaux Bayésiens naïfs et prédiction des objectifs d'intrusion

Les données d'observations nous permettent d'estimer les distributions de probabilités conditionnelles qui peuvent être obtenues par un simple calcul de fréquences. Toutefois, lorsqu'une valeur d'un attribut ne se produit pas avec une valeur donnée de la classe, l'estimation du $P(A|C)$ produit une valeur nulle et rend difficile l'étape de prédiction. Pour surmonter ce problème, nous allons utiliser l'estimateur de Laplace décrit dans la Section 3.4.2. Une

fois les observations (alertes) obtenues et formatées comme dans le Tableau
4.2, nous pouvons calculer la distribution de probabilités pour chaque variable. Dans notre exemple, toutes les variables sont binaires (observée / non
observée), donc $K = 2$ et nous obtenons $P(A) = (N + 1)/(n + 2)$.

La probabilité d'observer l'objectif d'intrusion ($P(objectif = atteint)$)
et la probabilité de ne pas observer l'objectif d'intrusion ($P(objectif = non\ atteint)$) peuvent être calculées comme suit :

$$P(objectif = X) = \frac{NB(objectif = X) + 1}{N + 2}\ avec,$$

- $X \in \{atteint, non\ atteint\}$,
- $NB(objectif = X)$ est le nombre de lignes du Tableau 4.2 où $objectif = X$,
- N est la taille du Tableau 4.2.

Les distributions de probabilités conditionnelles des variables dans le contexte
de la classe peuvent être calculées comme suit :

$$P(action_j = Y \mid objectif = X) = \frac{NB(action_j = Y\ et\ objectif = X) + 1}{NB(objectif = X) + 2}\ avec,$$

- $X \in \{atteint,\ non\ atteint\}$ et $Y \in \{observée,\ non\ observée\}$,
- $NB(action_j = Y\ et\ classe = X)$ est le nombre de lignes du Tableau 4.2 où $action_j = Y$ et $objectif = X$,
- $NB(objectif = X)$ est le nombre de lignes du Tableau 4.2 dont $objectif = X$.

Prédiction des objectifs d'intrusion

Le but de l'inférence dans les réseaux Bayésiens est d'estimer les valeurs
des nœuds non observés, étant données les valeurs des nœuds observés. Dans
un réseau Bayésien naïf, nous nous intéressons à déterminer la valeur de la

classe, étant données les valeurs de certaines variables observées. Cela est possible par la Formule 3.6.

Dans notre contexte d'application à la détection d'intrusions, le but de l'inférence est de calculer la probabilité d'atteindre chaque objectif d'intrusion surveillé étant données que certaines actions sont observées. En présence d'une action observée, nous distinguons deux situations possibles :

1. Cette action appartient à un ou plusieurs réseaux Bayésiens naïfs. Dans ce cas, une alerte est générée si un réseau Bayésien naïf passe à l'état critique (voir la Section 4.3).

2. Cette action n'appartient à aucun réseau Bayésien naïf. Dans ce cas, nous distinguons deux situations. Soit cette action a été traitée dans l'apprentissage et considérée comme isolée (non sélectionnée par le test χ^2), soit elle est observée pour la première fois. Dans la première situation, il n'y a pas de prédiction. Dans la deuxième situation, la prédiction est seulement possible après la prochaine mise-à-jour du système.

Durant la détection, nous initialisons une variable « timeout ». Chaque nouvelle alerte générée engendre une nouvelle probabilité de la variable classe. Selon l'influence de cette action sur les objectifs d'intrusion, la probabilité de chaque objectif d'intrusion augmente ou diminue.

Après chaque mise-à-jour, nous vérifions la nouvelle probabilité d'atteindre chaque objectif d'intrusion, selon la règle suivante :

$$\textbf{Si } P(O|a) > \textit{Seuil } \textbf{Alors } O \text{ est fortement attendu.} \qquad (4.1)$$

Si la nouvelle probabilité dépasse un certain seuil, nous générons une alarme. Si aucune probabilité ne dépasse le seuil, nous attendons la prochaine alerte. Lorsque le timeout expire et qu'aucune probabilité ne dépasse le seuil, nous pouvons confirmer qu'aucun des scénarios d'attaque (les scénarios d'attaque modélisés par les réseaux Bayésiens naïfs) n'est en place. Après l'expiration du timeout, nous réinitialisons la phase de détection. La procédure de prédiction est résumée dans l'algorithme 2.

Notons qu'il est théoriquement impossible de prévoir le début d'un scénario d'attaque pour avoir une bonne synchronisation de la variable « timeout ». Pour cela, plusieurs instances de la procédure de prédiction seront lancées, chacune avec un certain décalage dans le temps pour maximiser la chance qu'une d'entre elles soit très proche de début du scénario d'attaque.

Algorithme 2 : Prédiction des objectifs d'intrusion

Données : Actions observées
Résultat : Prédiction des objectifs d'intrusion;
début
    tant que *Vrai* **faire**
        Initialiser *timeout*;
        Initialiser les classifieurs Bayésiens naïfs ; /*effacer toutes les observations*/;
        tant que *timeout n'a pas expiré* **faire**
            si *une action A est observée* **alors**
                pour *objectif O = O_1 à O_n* **faire**
                    si *influence(A,O) = critique* **alors**
                        Générer une alerte;
fin

Exemple 1 (suite)

La Figure 4.4 présente les réseaux Bayésiens associés aux objectifs d'intrusion O_1 et O_2. Les deux réseaux sont construits avec des actions différentes. Supposons maintenant que nous observons les actions A_2 et A_3 simultanément. Nous mettons donc à jours les deux réseaux Bayésiens. Les probabilités a priori de O_1 et O_2 sont 0.36 et 0.27 respectivement. Après la mise à jour des réseaux Bayésiens, nous obtenons O_1 et O_2 avec les probabilités 0.69 et 0.52 respectivement. Maintenant, si le seuil est fixé à 50%, nous pouvons dire que A_2 (respectivement A_3) a une influence critique sur O_1 (respectivement sur O_2). Alors que si le seuil est fixé à 75%, nous pouvons uniquement dire que ces actions ont une influence positive et attendre les prochaines alertes pour confirmer la possibilité de la compromission des deux objectifs d'intrusion. Supposons maintenant que nous observons A_6 suivie de A_5. Nous procédons de la même façon qu'avec A_2 et A_3 et nous obtenons O_1 et O_2 avec les probabilités 0.92 et 0.78, respectivement. Enfin, supposons que nous observons A_7 (qui est en réalité simulée dans notre trafic comme étant une fausse alerte), ceci n'influe pas O_1 car A_7 n'appartient pas au réseau Bayésien associé à O_1. Cependant, la probabilité d'observer O_2 devient 0.52. Nous remarquons alors que les fausses alertes ont généralement un effet négatif sur la prédiction.

Notons que le délai d'attente (timeout) est égal à la fenêtre de temps utilisée dans l'étape de prétraitement de données.

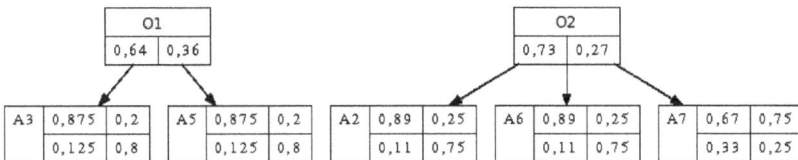

O1	
0,64	0,36

O2	
0,73	0,27

A3	0,875	0,2	A5	0,875	0,2	A2	0,89	0,25	A6	0,89	0,25	A7	0,67	0,75
	0,125	0,8		0,125	0,8		0,11	0,75		0,11	0,75		0,33	0,25

FIGURE 4.4 – *Réseaux Bayésiens associés aux objectifs d'intrusion O_1 et O_2*

Conclusion

Dans ce chapitre, nous avons présenté notre modélisation du problème de détection des scénarios d'attaque en utilisant les classifieurs Bayésiens naïfs.

Notre approche commence par traiter les alertes rapportées par les SDIs, ensuite un ensemble de classifieurs Bayésiens naïfs est construit pour surveiller les objectifs d'intrusion sélectionnés par l'opérateur de sécurité. Enfin la prédiction se fait en temps réel en fonction des alertes rapportées par les SDIs. Les résultats expérimentaux de notre approche sont donnés dans le chapitre 8.

Il convient de noter que notre approche ne nécessite pas de connaissances d'experts. Plus précisément, elle n'exige ni les pré-conditions et post-conditions des actions comme dans [CM02, NCR02, SK00], ni une représentation explicite des scénarios d'attaque comme dans [DC01]. Elle ne nécessite même pas de préciser explicitement l'ensemble des actions impliquées dans les scénarios d'attaque. En fait, cet ensemble d'actions sera déterminé automatiquement en se basant sur les données d'apprentissage. Évidement, elle exige un minimum de connaissances puisqu'il faut étiqueter certaines alertes pour l'apprentissage.

Chapitre 5

Prise en compte des informations contextuelles codées en logiques de description

5.1 Introduction

Dès le début des années 2000, les chercheurs en détection d'intrusions ont constaté que dans les entreprises modernes, un SDI ne peut garantir seul une bonne surveillance et une bonne analyse des systèmes d'information. Depuis, la détection d'intrusions est devenue coopérative [Cup01a, CM02], où plusieurs SDIs et d'autres systèmes tels que les analyseurs réseaux ou les scanneurs de vulnérabilités travaillent ensemble pour offrir une détection d'intrusions plus efficace.

Cependant, les SDIs souffrent toujours de plusieurs inconvénients. Par exemple, un SDI basé sur la détection comportementale peut générer beaucoup de faux positifs, c'est à dire des alertes qui ne correspondent pas à des attaques réelles, puisque tout écart par rapport à la normalité (voir Section 1.4.1) ne signifie pas nécessairement une attaque. En outre, les approches de détection basées signatures ne peuvent pas détecter de nouvelles attaques, puisque la détection est limitée aux attaques présentes dans la base des signatures, ce qui peut facilement produire des faux négatifs, c'est à dire des attaques qui n'ont pas été détectées. De plus, la définition et la maintenance de la base des signatures est une tâche difficile. Trouver un compromis entre une signature très générique qui ne cause aucun faux négatif et une signature très spécifique qui ne génère pas de faux positifs peut s'avérer très difficile [PT05].

Dans ce chapitre, nous expliquons la nécessité d'un formalisme logique en détection d'intrusions coopérative. Ensuite, nous introduisons brièvement les logiques de descriptions. Puis, nous présentons un formalisme logique de représentation des informations contextuelles en détection d'intrusions. Enfin, nous présentons quelques opportunités d'utilisation de ce formalisme telles que son utilisation pour la restauration des incohérences qui peuvent apparaitre dans les informations collectées par des outils différents, ou son

utilisation comme une base de connaissances pour notre système de corrélation d'alertes présentée dans le chapitre précédent.

5.2 La détection d'intrusions coopérative est une néces-sité

Afin de remédier à la problématique citée dans l'introduction, la détection
d'intrusions coopérative permet à plusieurs SDIs et autres outils de sécurité
de coopérer ensemble. L'objectif de cette coopération peut être l'utilisation
de méthodes de détection différentes, par exemple la détection par signatures
et la détection comportementale qui peuvent être complémentaires. On peut
aussi utiliser plusieurs SDIs basés sur la même approche, mais de constructeurs différents. Un autre objectif de la détection d'intrusions coopérative, qui
concerne le cas de la détection d'intrusions réseau, est d'obtenir une description de haut niveau des attaques en distribuant plusieurs SDIs dans ce réseau
tel que chacun sera associé à une partie du réseau. Par exemple, un SDI pour
surveiller la DMZ (zone démilitarisée), un autre SDI pour surveiller le réseau
local (LAN) et plusieurs SDIs de type hôte pour surveiller les serveurs d'application. En plus des SDI, d'autres analyseurs peuvent être pris en compte
dans la détection d'intrusions coopérative tels que les analyseurs réseaux et
les scanneurs de vulnérabilités afin de permettre de corréler les alertes et les
informations contextuelles telles que la topologie et la cartographie.

Dans une telle situation, la définition d'un vocabulaire commun pour décrire les différentes informations manipulées est sans doute d'une grande importance. Notons que les informations manipulées en détection d'intrusions
sont de nature structurée, souvent exprimées en XML. Par exemple, le format d'alertes IDMEF (voir Section 2.2.2) décrit les alertes en XML. Il est de
même pour les descriptions des vulnérabilités données par OVAL [1]. Cepen-

---

1. Open Vulnerability and Assessment Language, http://oval.mitre.org/

dant, XML est limité à une représentation syntaxique. Étant donné que cette représentation est dénuée de sémantique, chaque système doit interpréter et implémenter le modèle de données via un programme ce qui peut facilement générer des interprétations différentes par rapport aux mêmes données. Un formalisme logique s'impose alors. Dans ce cas, la logique propositionnelle n'est pas vraiment adéquate, car elle ne permet pas de représenter les informations de manière structurée. D'où la nécessité d'aller au delà de cette logique en termes d'expressivité. Nous proposons alors de considérer un fragment de la logique du premier ordre, à savoir les logiques de description ou DLs (pour Description Logics). Le choix de telles logiques est justifié tout d'abord par le fait qu'elles conviennent à la représentation des informations structurées. De plus, on dispose actuellement d'un nombre considérable de logiques de description variant en termes d'expressivité, et pour lesquelles la complexité du raisonnement est bien connue. En outre, de nombreux raisonneurs en DLs ont été développés tel que Fact ++ [TH06]. La plupart de ces raisonneurs utilisent des techniques d'optimisation sophistiquées. Les logiques de description sont bien adaptées pour représenter des informations structurées et de plus, elles garantissent généralement la décidabilité du raisonnement.

5.3 Logiques de description

Les logiques de description sont une famille de formalismes des représentation de connaissances qui permettent de représenter les connaissances d'un domaine d'application d'une manière structurée et formelle [BCM+03].

D'un point de vue pratique, les logiques de description sont utilisées dans de nombreuses applications tel que le web sémantique, où elles constituent la pierre angulaire des langages d'ontologies pour le web, notamment le langage OWL [2] qui est recommandé par le $W3C$ depuis 2004. En dehors du web sémantique, OWL jouit d'une grande popularité pour la représentation des ontologies dans d'autres domaines à l'instar de la biologie, la médecine, l'astronomie, la géographie, la géologie, la défense, l'agriculture et la sécurité informatique.

Une base de connaissances basée sur la logique de description comprend deux composantes, la TBox et la ABox. La TBox introduit la terminologie, c'est-à-dire le vocabulaire du domaine d'une application. Quant à la ABox, elle contient des assertions par rapport à des individus nommés en termes de ce vocabulaire. Le vocabulaire consiste en ces concepts, qui dénotent des ensembles d'individus et des rôles qui désignent les relations binaires entre ces individus. En plus des concepts atomiques et des rôles atomiques, tous les systèmes DLs permettent de construire des descriptions de concepts et des rôles plus complexes.

Par exemple, la logique de description $\mathcal{AL}$ (pour Attributive Language) a été introduite dans [SSS91] comme étant la logique de description la moins expressive ayant un intérêt pratique. Étant donné un ensemble de concepts $\mathcal{C}$ (concepts atomiques) et un ensemble de rôles $\mathcal{R}$ (rôles atomiques), les concepts $\mathcal{AL}$ sont générés comme suit : $\top$ et $\bot$ sont des concepts $\mathcal{AL}$, si $A \in \mathcal{C}$ alors A et $\neg A$ sont des concepts $\mathcal{AL}$, si C et D sont des concepts $\mathcal{AL}$ et $R \in \mathcal{R}$, alors $C \sqcap D$, $\forall R.C$ et $\exists R.\top$ sont des concepts $\mathcal{AL}$.

$$
\begin{array}{ll}
C, D \rightarrow \quad A \mid & \text{(concept atomique)} \\
\top \mid & \text{(concept universel)} \\
\bot \mid & \text{(concept bottom)} \\
\neg A \mid & \text{(négation atomique)} \\
C \sqcap D \mid & \text{(intersection)} \\
\forall R.C \mid & \text{(restriction de valeur)} \\
\exists R.\top & \text{(quantificateur existentiel limité)}
\end{array}
$$

---

2. Ontology Web Language, http://www.w3.org/TR/owl-features/

Afin d'illustrer cette règle, prenons l'exemple suivant qui nous donne une idée sur ce qui peut être exprimé dans la logique $\mathcal{AL}$:

Exemple 1. *Soient* Personne *et* Fille *deux concepts atomiques. Donc,* Person ⊓ Female *et* Person ⊓ ¬Female *sont des concepts décrivant intuitivement les personnes qui sont féminines et les personnes qui ne sont pas féminines. En outre, étant donné un rôle atomique* aEnfant, *alors on peut construire les concepts* Personne ⊓ ∃aEnfant.⊤ *et* Personne ⊓ ∀ aEnfant.Fille *dénotant respectivement les personnes qui ont au moins un enfant et les personnes qui n'ont que des filles. Enfin, en utilisant le concept* ⊥, *on peut également décrire les personnes qui n'ont pas d'enfants par* Personne ⊓ ∀aEnfant.⊥.

Une interprétation $\mathcal{I}$ est définie par la donnée d'un ensemble non vide $\Delta^{\mathcal{I}}$ (le domaine d'interprétation) et d'une fonction d'interprétation, qui assigne à chaque concept atomique A un ensemble $A^{\mathcal{I}} \subseteq \Delta^{\mathcal{I}}$ et à chaque rôle atomique R une relation binaire $R^{\mathcal{I}} \subseteq \Delta^{\mathcal{I}} \times \Delta^{\mathcal{I}}$. Une fonction d'interprétation est étendue aux descriptions de concepts par la définition inductive suivante :

$$\top^{\mathcal{I}} = \Delta^{\mathcal{I}},$$
$$\bot^{\mathcal{I}} = \emptyset,$$
$$(\neg A)^{\mathcal{I}} = \Delta^{\mathcal{I}} - A^{\mathcal{I}},$$
$$(C \sqcap D)^{\mathcal{I}} = C^{\mathcal{I}} \cap D^{\mathcal{I}},$$
$$(\forall R.C)^{\mathcal{I}} = \{a \in \Delta^{\mathcal{I}} | \forall b, (a,b) \in R^{\mathcal{I}} \to b \in C^{\mathcal{I}}\} \text{ et}$$
$$(\exists R.\top)^{\mathcal{I}} = \{a \in \Delta^{\mathcal{I}} | \exists b, (a,b) \in R^{\mathcal{I}}\}.$$

Deux concepts C et D sont dits équivalents, $C \equiv D$, si et seulement si $C^{\mathcal{I}} = D^{\mathcal{I}}$ pour toute interprétation $\mathcal{I}$.

D'autres logiques, plus expressives, peuvent être définies en rajoutant d'autres constructeurs à la logique $\mathcal{AL}$ tels que :

– L'union de concepts, désignée par la lettre $\mathcal{U}$, notée par $C \sqcup D$ et interprétée par : $(C \sqcup D)^{\mathcal{I}} = C^{\mathcal{I}} \cup D^{\mathcal{I}}$.

- La quantification existentielle complète, désignée par la lettre $\mathcal{E}$, notée par $\exists R.C$ et interprétée par : $(\exists R.C)^{\mathcal{I}} = \{a \in \Delta^{\mathcal{I}} | \exists b, (a, b) \in R^{\mathcal{I}} \wedge b \in C^{\mathcal{I}}\}$.

- Les restrictions de nombres, désignées par la lettre $\mathcal{N}$ et notées par $\geq nR$ (restriction au moins) et par $\leq nR$ (restriction au plus) où n représente un entier positif. Ces restrictions de valeurs sont interprétées respectivement comme suit : $(\geq nR)^{\mathcal{I}} = \{a \in \Delta^{\mathcal{I}} : |\{b|(a, b) \in R^{\mathcal{I}}\}| \geq n\}$, et $(\leq nR)^{\mathcal{I}} = \{a \in \Delta^{\mathcal{I}} : |\{b|(a, b) \in R^{\mathcal{I}}\}| \leq n\}$.

- La négation de concepts arbitraires, désignée par la lettre (C), notée par $\neg C$ est interprétée de la façon suivante : $(\neg C)^{\mathcal{I}} = \Delta^{I} - (C)^{\mathcal{I}}$.

Étendre la logique $\mathcal{AL}$ par n'importe quel sous ensemble de constructeurs précédents résulte en une nouvelle logique désignée par une chaîne de caractères de la forme : $\mathcal{AL}[\mathcal{U}][\mathcal{E}][\mathcal{N}][\mathcal{C}]$ où une lettre dans l'appellation reflète la présence du constructeur correspondant. Par exemple, $\mathcal{ALEN}$ est l'extension de $\mathcal{AL}$ par la quantification existentielle complète et les restrictions de nombres.

Une terminologie ou TBox en abrégé est un ensemble d'axiomes terminologiques. En général, les axiomes terminologiques sont de la forme $C \sqsubseteq D$ $(R \sqsubseteq S)$ ou $C \equiv D$ $(R \equiv S)$ où C, D sont des concepts (et R, S sont des rôles). Les axiomes du premier type sont appelés inclusions alors que ceux du second type sont dits équivalences. Sémantiquement, une interprétation $\mathcal{I}$ satisfait une inclusion $C \sqsubseteq D$ si et seulement si $C^{\mathcal{I}} \subseteq D^{\mathcal{I}}$ et satisfait une équivalence $C \equiv D$ si et seulement si $C^{\mathcal{I}} = D^{\mathcal{I}}$. Si Σ est un ensemble d'axiomes, alors $\mathcal{I}$ satisfait Σ si et seulement si $\mathcal{I}$ satisfait chaque élément de Σ. Si $\mathcal{I}$ satisfait un axiome (resp. un ensemble d'axiomes), alors $\mathcal{I}$ est dite modèle de cet axiome (resp. l'ensemble d'axiomes). Deux axiomes ou deux ensembles d'axiomes sont équivalents si et seulement s'ils ont les mêmes modèles.

Les informations factuelles sont décrites par le biais des ABox. Une ABox décrit un état spécifique du domaine en termes de concepts et de rôles. Plus précisément, dans une ABox, on introduit des individus (en leur donnant des noms) ainsi que leur propriétés. Les individus sont notés par a, b, c. Soit C un concept et R un rôle. On peut former des assertions comme suit : $C(a)$ et $R(b, c)$. La première assertion, dite assertion de concept, signifie que a appartient à (l'interprétation de) C. La deuxième, appelée assertion de rôle, signifie que c est un remplisseur du rôle R pour b.

La sémantique des ABox est définie par l'extension des interprétations aux noms d'individus. Donc une interprétation $\mathcal{I} = (\Delta^{\mathcal{I}}, \cdot^{\mathcal{I}})$ n'assigne pas uniquement des ensembles et des relations binaires aux concepts et aux rôles mais assigne également à chaque nom d'individu a un élément $a^{\mathcal{I}}$ de $\Delta^{\mathcal{I}}$. D'autre part, une interprétation $\mathcal{I}$ satisfait l'assertion de concept $C(a)$ si $a^{\mathcal{I}} \in C^{\mathcal{I}}$. Elle satisfait l'assertion de rôle $R(a, b)$ si $(a^{\mathcal{I}}, b^{\mathcal{I}}) \in R^{\mathcal{I}}$ et elle satisfait une ABox $\mathcal{A}$ si elle satisfait chaque assertion dans $\mathcal{A}$. Dans ce cas, $\mathcal{I}$ est dite modèle de l'assertion ou de la ABox. Enfin, une interprétation $\mathcal{I}$ satisfait une assertion ou une ABox par rapport à une terminologie Σ si en plus d'être modèle de l'assertion ou de la base, elle est également modèle de la terminologie Σ.

5.4 Représentation des informations contextuelles dans le domaine de la détection d'intrusions en DLs

Les analyseurs utilisés en détection d'intrusions coopérative ne sont pas totalement fiables, souvent des conflits surviennent [TDMD04]. Par exemple, il est possible qu'un SDI détecte une tentative d'attaque contre un serveur IIS [3], alors que l'analyseur réseau indique que le serveur web est un Apache [4]. Dans une telle situation, il est indispensable de gérer ces incohérences afin

---

3. Internet Information Services, http://www.iis.net/
4. Apache est un serveur web gratuit, http://www.apache.org/

d'exploiter au mieux la coopération entre ces outils.

Les informations échangées en détection d'intrusions coopérative impliquent tout d'abord les alertes générées par les SDIs. Pour la description d'alertes, nous nous sommes basés sur le format IDMEF, qui représente le standard actuel des formats d'alertes. Aussi, des informations contextuelles peuvent être échangées telles que la topologie et la cartographie (pour plus de détails voir la Section 2.3.6). Pour ce dernier point, nous nous sommes essentiellement basés sur le modèle M4D4 [MMDD09]. Enfin, cette approche requiert la description des vulnérabilités. Pour ce faire, nous avons partiellement utilisé le modèle M4D4, tout en considérant d'autres sources de description de vulnérabilités, en particulier OVAL.

5.4.1 IDMEF en DLs

L'IDMEF a été présenté dans la Section 2.2.2. Comme le montre la Figure 2.2, une alerte en IDMEF admet les caractéristiques suivantes :

- Identifier : l'identifiant de l'alerte,
- CreateTime : l'instant de la création de l'alerte par le SDI,
- DetectTime : l'instant de la détection de l'attaque,
- AnalyzerTime : l'heure courante du SDI,
- Analyzer : le SDI ayant généré cette alerte,
- Source : la description de l'attaquant,
- Target : la description de la victime,
- Classification : une classification ou un nom de l'attaque,
- Assessement : indique par exemple la gravité de l'attaque,
- AdditionalData : ce champ peut comprendre tout type d'informations en dehors des informations précédentes. Il garantit l'extensibilité du modèle.

```
Alert  ⊑  ∀messageId.String ⊓ = 1 messageId ⊓
          ∀hasCreateTime.Time ⊓ = 1 hasCreateTime ⊓
          ∀hasDetectTime.Time ⊓ ≤ 1 hasDetectTime ⊓
          ∀hasAnalyserTime.Time ⊓ ≤ 1 hasAnalyserTime ⊓
          ∀hasAnalyser.Analyser ⊓ = 1 hasAnalyser ⊓
          ∀hasSource.Source ⊓
          ∀hasTarget.Target ⊓
          ∀hasClassification.Classification ⊓
          = 1 hasClassification ⊓
          ∀hasAssessement.Assessment ⊓
          ≤ 1 hasAssessment ⊓
          ∀hasAdditionalData.AdditionalData
```

FIGURE 5.1 – *Concept « Alerte »*

Pour traduire l'IDMEF en logiques de description, nous utilisons une TBox contenant une vingtaine de concepts et une soixantaine de rôles. Cette TBox comprend des axiomes de définition ainsi que des axiomes d'inclusion. Par exemple, le concept d'une alerte est donné par la Figure 5.1. Un tel axiome signifie qu'une alerte admet un seul identifiant qui est de type chaîne de caractères, un seul champ « detecttime » de type « time », un seul champ « createtime » de type « time », et au plus un seul champ « analyzertime » de type « time ». De plus, à une alerte peut correspondre une source, voire même plusieurs. De même, il peut lui correspondre une cible ou plusieurs. En outre, une alerte admet une seule classification, au plus un élément « assesment » et un ou plusieurs champs « additionaldata ».

5.4.2   Topologie en DLs

Décrire la topologie permet par exemple de déduire si un SDI est capable ou non de détecter une alerte. La topologie concerne les nœuds ainsi que leurs interconnexions. Dans le modèle M4D4, on considère que chaque réseau admet une seule adresse. Nous traduisons cette information en DLs de la façon suivante :

$$\text{Network} \sqsubseteq \forall \text{netaddress.String} \sqcap = 1 \text{ netaddress}$$

Les nœuds représentent n'importe quelle machine connectée au réseau. Un nœud admet une adresse et appartient à un réseau.

$$\text{Node} \sqsubseteq \forall \text{nodeaddress.String} \sqcap = 1 \text{ nodeaddress} \sqcap$$
$$\forall \text{hasNodeNet.Network}$$

Les passerelles sont des nœuds particuliers dont l'objectif est d'interconnecter des réseaux. Clairement, une passerelle appartient à plus d'un réseau.

$$\text{Gateway} \sqsubseteq \text{Node} \sqcap > 1 \text{ hasNodeNet}$$
$$\text{Node} \sqcap \neg\text{Gateway} \sqsubseteq = 1 \text{ hasNodeNet}$$

Les passerelles directement accessibles par un nœud sont désignées par :

$$\text{Node} \sqsubseteq \forall \text{hasNodeGateway.Gateway} \sqcap$$
$$\forall \text{hasNodeSystemname.String} \sqcap$$
$$= 1 \text{ hasNodeSystemname}$$

Enfin, un nœud peut être en plus caractérisé par son nom système :

$$\text{Node} \sqsubseteq \forall \text{hasNodeSystemName.String} \sqcap$$
$$= 1 \text{ hasNodeSystemName}$$

5.4.3   Cartographie en DLs

Selon le modèle M4D4, un produit est caractérisé par un seul nom, une seule version, un seul type et par une seule architecture. En DLs, ceci correspond au concept *software* que nous exprimons en DLs de la manière suivante :

```
Software  ⊑  ∀softwareName.String ⊓ = 1 softwareName ⊓
             ∀softwareVersion.String ⊓
             = 1 softwareVersion ⊓
             ∀softwareType.String ⊓ = 1 softwareType ⊓
             ∀softwareArchitecture.String ⊓
             = 1 softwareArchitecture ⊓
```

Un nœud héberge un logiciel :

$$Node \ ⊑ \ ∀ hosts.Software$$

Un processus est un produit exécuté par un utilisateur.

```
Process  ⊑  ∀hasSoftware.Software ⊓ = 1 hasProduct ⊓
            ∀hasUser.User ⊓ = 1 hasUser
```

Un service est un processus qui écoute sur un port :

```
Service  ⊑  ∀hasProcess.Process ⊓ = 1 hasProcess ⊓
            ∀port.Integer ⊓ = 1 port
```

5.4.4 Vulnérabilités en DLs

Le modèle M4D4 décrit une vulnérabilité par son degré de sévérité, le niveau d'accès nécessaire afin de l'exploiter, ses conséquences et sa date de publication. Nous représentons alors le concept vulnérabilité en DL comme suit :

```
Vulnerability  ⊑  ∀severity.{high, medium, low}
                  ∀ requires.{remote, local, user}
                  ∀ losstype.{confidentiality,    integrity,
                  availibality, privilege_escalation}
                  ∀published.Date
```

Dans le modèle M4D4, on considère qu'une vulnérabilité affecte tout simplement une liste de produits. Cette liste est appelée configuration. Par ailleurs, les caractéristiques d'une vulnérabilité peuvent être extraites de plusieurs sources. Par exemple, la base de données NVD [5], la base de données OSVDB [6], ainsi que le projet OVAL sont des initiatives indépendantes visant à structurer les informations relatives aux vulnérabilités.

En analysant de plus près ces sources, en particulier OVAL qui est un standard, nous avons constaté que le fait qu'un nœud soit affecté d'une vulnérabilité revient généralement à vérifier des conditions logiques plus compliquées impliquant des opérateurs de conjonction, de disjonction et de négation. Par exemple, considérons la description (selon OVAL) de la vulnérabilité CVE-2008-0082 donnée par la figure 5.2. Dans cette description, on voit clairement que la condition de la vulnérabilité est donnée sous forme d'une formule logique composée.

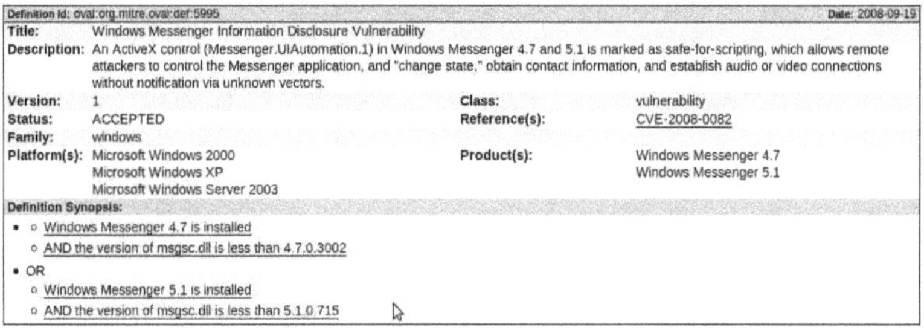
Definition Id: oval:org.mitre.oval:def:5995 Date: 2008-09-19

Title:	Windows Messenger Information Disclosure Vulnerability		
Description:	An ActiveX control (Messenger.UIAutomation.1) in Windows Messenger 4.7 and 5.1 is marked as safe-for-scripting, which allows remote attackers to control the Messenger application, and "change state," obtain contact information, and establish audio or video connections without notification via unknown vectors.		
Version:	1	**Class:**	vulnerability
Status:	ACCEPTED	**Reference(s):**	CVE-2008-0082
Family:	windows		
Platform(s):	Microsoft Windows 2000 Microsoft Windows XP Microsoft Windows Server 2003	**Product(s):**	Windows Messenger 4.7 Windows Messenger 5.1

Definition Synopsis:

- Windows Messenger 4.7 is installed
  - AND the version of msgsc.dll is less than 4.7.0.3002
- OR
  - Windows Messenger 5.1 is installed
  - AND the version of msgsc.dll is less than 5.1.0.715

FIGURE 5.2 – *Vulnérabilité CVE*-2008-0082

Par conséquent, la notion de configuration proposée dans M4D4 n'est pas suffisante afin de décrire une vulnérabilité. Nous proposons alors de tirer profit des sources précédentes pour décrire les vulnérabilités.

Ainsi, le fait qu'une machine soit par exemple vulnérable relativement à CVE-2008-0082 est décrit comme suit :

5. National Vulnerability Database, `http://nvd.nist.gov/`
6. Open Source Vulnerability Database, `http://www.osvdb.org/`

$\exists vulnerableTo.(\exists hasReference.CVE - 2008 - 0082) \sqsubseteq$

$(\exists host.(\exists hasName.WindowsMessenger4.7) \sqcap$

$\exists host.((\exists hasName.msgsc.dll) \sqcap (\exists hasVersion. \leq 4.7.0.3002)))\sqcup$

$(\exists host.(\exists hasName.WindowsMessenger5.1) \sqcap$

$\exists host.((\exists hasName.msgsc.dll) \sqcap (\exists hasVersion. \leq 5.1.0.715)))$

5.5 Amélioration de la corrélation d'alertes par les informations contextuelles

Dans le chapitre 4, nous avons proposé une méthode de corrélation d'alertes basée sur les réseaux Bayésien naïfs qui permet de surveiller et de prédire des objectifs d'intrusion. Nous avons dit que ces objectifs d'intrusion peuvent être explicitement spécifiés par les opérateurs de sécurité. Toutefois, cela peut s'avérer difficile, en particulier dans les grands réseaux et lorsque le volume d'alertes rapportées par les SDIs est très important. En outre, cette approche, comme la plupart des approches de corrélation d'alertes, ne considère pas le problème des incohérences entre les alertes qui peuvent induire en erreur la corrélation d'alertes.

Dans cette section, nous présentons comment nous pouvons combiner notre approche de corrélation d'alertes avec la représentation des informations contextuelles proposée dans ce chapitre pour améliorer la corrélation d'alertes.

5.5.1 Définition des objectifs d'intrusion

Rappelons que l'un des avantages importants de notre approche de corrélation est qu'elle ne nécessite pas de connaissances d'experts. Cependant, un minimum de connaissances est requis pour définir les objectifs d'intrusion à protéger. Cette opération peut s'avérer parfois difficile même pour un expert.

Supposons que nous utilisons notre représentation en DLs pour construire une base de connaissances contenant toutes les informations contextuelles, incluant les alertes, la cartographie, la topologie, etc. Dans ce cas, notre approche de corrélation d'alertes peut utiliser cette base directement comme entrée au lieu de traiter des alertes brutes. Ainsi, en utilisant une base de connaissance codée en DLs, cela permet à l'opérateur de sécurité d'exprimer des requêtes plus complexes au lieu d'une simple sélection à partir de l'historique des alertes.

Considérons un exemple pour mieux expliquer ce cas. Supposons que dans un réseau informatique un opérateur de sécurité s'intéresse à protéger son serveur Web. Pour cela, il a installé un SDI réseau et un SDI hôte sur le serveur Web. Il dispose également d'un scanneur de vulnérabilités et d'autres outils. Supposons aussi que tous ces outils alimentent une base de connaissances codée avec notre représentation.

Maintenant, l'opérateur de sécurité peut être intéressé par des faits particuliers, tels que des alertes et des vulnérabilités rapportées au sujet du serveur Web, et avec une sévérité élevée. L'opérateur de sécurité peut extraire ces informations en interrogeant la base de connaissances via une requête comme celle-ci (nous supposerons que l'adresse du serveur Web est : 172.16.0.3) :

Requête 1.

$$X \leftarrow \quad Alert(X) \wedge hasAssessement(X, a) \wedge hasImpact(a, i) \wedge$$
$$hasSeverity(i, high) \wedge hasTarget(X, t) \wedge hasNode(t, n) \wedge$$
$$hasAddress(n, a) \wedge address(a, 172.16.0.3) \wedge$$
$$\wedge hasService(n, v) \wedge hasPort(v, 80)$$

Cette requête sélectionne à partir de la base de connaissances tous les faits de type alerte ayant une évaluation (Assesment) et que cette évaluation assigne un degré « sévère » à l'impact de l'attaque qui a généré l'alerte, et que cette alerte est à destination d'un hôte de l'adresse « 172.16.0.3 » (qu'est le serveur Web), et que ce hôte exécute un service sur le port 80.

Supposons maintenant que l'opérateur de sécurité s'intéresse uniquement aux alertes entrantes (inbound) (c'est à dire les alertes signalées pour un attaquant externe, supposons que l'adresse du réseau local est 172.16.0.0). Par conséquent, nous mettons à jour la Requête 1, comme suit :

Requête 2.

$$X \leftarrow \quad Alert(X) \wedge hasAssessement(X, a) \wedge hasImpact(a, i) \wedge$$
$$hasSeverity(i, high) \wedge hasSource(X, s) \wedge hasNode(s, n_1) \wedge$$
$$\neg hasNodeNet(172.16.0.0, n_1) \wedge hasTarget(X, t) \wedge hasNode(t, n_2) \wedge$$
$$hasAddress(n_2, a) \wedge address(a, 172.16.0.3) \wedge$$
$$hasService(n_2, v) \wedge hasPort(v, 80)$$

En plus des informations contenues dans la Requête 2, cette nouvelle requête sélectionne uniquement les alertes qui ne proviennent pas du réseau local. Autrement dit, elle sélectionne uniquement les alertes d'une source externe au réseau local. Après la sélection des faits (alerte ou scan), l'opérateur de sécurité peut designer chaque classe (donnée par *hasClassification*, voir la Figure 5.1) de faits comme un objectif d'intrusion.

Maintenant, nous devons choisir les variables (attributs) qui seront utilisées pour apprendre les réseaux Bayésiens naïfs associés aux objectifs d'intrusion sélectionnés à partir de la requête précédente. Ici, nous supposons, en vue de réduire le volume d'alertes, que l'opérateur de sécurité veut supprimer les alertes générées à partir du préprocesseur *http_inspect*[7] et qu'il

---

7. Ce préprocesseur de Snort vérifie la conformité du trafic web au protocole HTTP.

s'intéresse uniquement aux alertes entrantes. La réponse à une telle question peut être obtenue en utilisant la requête suivante qui renvoie des alertes de Snort :

Requête 3.

$$
\begin{aligned}
X \leftarrow \quad & Alert(X) \wedge hasSource(X, s) \wedge hasNode(s, n_1) \wedge \\
& \neg hasNodeNet(172.16.0.0, n_1) \wedge hasTarget(X, t) \wedge \\
& hasNode(t, n_2) \wedge hasAddress(n_2, a) \wedge address(a, 172.16.0.3) \wedge \\
& hasAnalyzer(X, z) \wedge hasName(z, Snort) \wedge \\
& hasClassification(X, c) \wedge hasText(c, http\_inspect)
\end{aligned}
$$

Cette requête sélectionne à partir de la base de connaissances tous les faits de type alerte qui provient de l'extérieur du réseau local et à destination d'un hôte de l'adresse « 172.16.0.3 » (qu'est le serveur Web), et que ce hôte exécute un service sur le port 80. En plus, la classe de ces alertes ne contient pas le terme « http_inspect ».

5.5.2   Amélioration de la règle de décision de notre approche de cor-rélation d'alertes

Il est connu que les SDIs comportementaux utilisant des règles de dé-cision à base du seuillage génèrent beaucoup de faux (positifs et négatifs). Cependant, nous avons constaté que la majorité de ces faux, sont dus à des erreurs de décision qui sont très proches du seuil de décision. Pour cela, nous allons légèrement modifier la règle de décision de notre approche de corréla-tion d'alertes (définie par l'Équation 4.1) en définissant deux seuils : θ_1 (seuil minimal) et θ_2 (seuil maximal). Le seuil minimal est défini pour surveiller la normalité et le seuil maximal est défini pour surveiller la compromission de l'objectif d'intrusion (voir la Figure 5.3). Ainsi, lorsque notre réseau Bayésien naïf fait l'inférence sur la base d'une observation, nous constatons trois situations :

1. situation normale ($P(O) \prec \theta_1$) : dans ce cas, nous pouvons confirmer que l'objectif surveillé est dans un état normal.

2. situation critique ($P(O) \succ \theta_2$) : dans ce cas, nous pouvons confirmer que l'objectif surveillé est dans un état critique et risque d'être atteint prochainement.

3. situation douteuse ($\theta_1 \preceq P(O) \preceq \theta_2$) : dans ce cas, nous ne pouvons pas confirmer ni la normalité, ni l'état critique de la situation, puisque le risque de générer un faux positif ou négatif est très important.

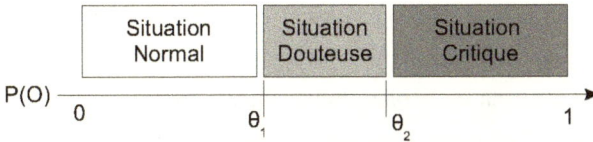

FIGURE 5.3 – *Utilisation de deux seuils dans la règle de classification*

Nous allons maintenant présenter certaines possibilités d'interactions entre notre approche de prédiction des objectifs d'intrusion et une base de connaissances codée en DLs :

– Dans le cas d'une situation critique, le système génère une alerte globale et peut aussi mener une contre-mesure. Avant de lancer une contre mesure, le système peut interroger la base de connaissances et vérifier la plausibilité [8] de l'objectif d'intrusion. Dans le cas où l'objectif n'est pas plausible, le système se contentera uniquement d'une alerte globale.

Notons qu'on peut se demander pourquoi ne pas vérifier la plausibi-

---

8. Dans [YBK10a], les auteurs présentent une approche de gestion des incohérences en détection d'intrusions en utilisant l'inférence lexicographique partiel. Cette approche peut être utiliser pour vérifier la plausibilité des hypothèses à partir d'une base de connaissances codée en DLs.

lité de l'objectif d'intrusion dès le début et arrêter complètement l'inférence ? Le problème est que la réponse à une interrogation dépend de la configuration du système en cours. Donc, si la configuration change dans le temps, la réponse peut changer aussi, et comme le processus de prédiction prend un certain temps qui peut atteindre plusieurs minutes (voir quelques heures), la plausibilité de l'objectif d'intrusion peut changer entre le début et la fin de la prédiction.

– Dans une situation douteuse, on peut être plus favorable à une situation normale, comme on peut s'inquiéter et supposer que les sondes ont peut être raté une ou plusieurs actions qui peuvent mener à une situation critique. Dans ce cas, le système peut interroger la base de connaissances pour vérifier si une alerte pouvait avoir lieu ou non. Le système va alors interroger la base de connaissances et vérifier la plausibilité de chaque action non observée parmi les actions du réseau Bayésien. Dans le cas de confirmation de la plausibilité d'une action donnée, le système va refaire l'inférence en supposant que cette action est observée et vérifier si on passe à une situation critique ou non.

Dans le cas où on passe à l'état critique, le système génère une alerte et mentionne à l'opérateur de sécurité que ce n'est pas une confirmation d'un état critique, mais juste une hypothèse forte.

En général, lorsqu'on est dans une situation douteuse, on n'est pas sûr que l'objectif d'intrusion soit dans un état normal, ni qu'il risque d'être atteint prochainement. C'est à dire qu'il y a un doute sur la plausibilité de l'objectif d'intrusion. Ceci peut être dû à un manque d'observations, comme il peut être dû à une variante de l'objectif d'intrusion, ou à un nouveau plan d'attaque.

Maintenant, si on est entrain de surveiller plusieurs objectifs d'intrusion et que tout les réseaux Bayésiens naïfs indiquent une situation douteuse, il y a une forte probabilité qu'il s'agisse d'un nouveau scénario d'attaque qui est en cours d'exécution.

Conclusion

Dans ce chapitre, nous avons proposé un vocabulaire basé sur les logiques de description dans le cadre de la détection d'intrusions coopérative. La détection d'intrusions coopérative offre une vision globale du système surveillé, et donc des points de vue complémentaires, ce qui permet d'améliorer le taux de détection et de réduire le nombre d'alertes, en particulier les faux positifs.

La représentation des informations contextuelles en logiques de description peut compléter les approches de corrélation existantes, notamment sur l'aspect réduction de l'impact du faux positif sur la corrélation d'alertes. Par exemple, le système de corrélation peut interroger une base de connaissances codée en DLs afin de vérifier la plausibilité de l'objectif d'intrusion ou des actions observées avant l'utilisation de l'inférence, car généralement les SDIs qui ont détecté ces actions n'exploitent pas les informations contextuelles.

Un autre cas de collaboration, est que le système de corrélation peut anticiper les attaques et supposer que les SDIs ont peut être raté une ou plusieurs actions qui peuvent mener à une situation critique. Dans ce cas, le système de corrélation peut interroger une base de connaissances codée en DLs et vérifier chaque action du réseau Bayésien naïf qui n'est pas encore observée. Dans le cas de confirmation de la plausibilité d'une action donnée, le système peut refaire l'inférence en supposant que cette action est observée et vérifier si l'objectif d'intrusion surveillé devient plausible ou non.

Chapitre 6

Mesures d'évaluation d'un multi-classifieur binaire

6.1 Introduction

Dans notre modélisation du problème de la corrélation d'alertes présentée dans le chapitre 4, nous avons basé notre approche sur la classification qui est un problème d'inférence particulier, où parmi les n variables du problème, (n-1) variables sont observables. La $n^{\text{ème}}$ variable, appelée *classe*, est non-observable et que l'on cherche à estimer.

Dans ce chapitre, nous abordons plus en détails la question de l'évaluation des classifieurs Bayésiens. Nous allons tout d'abord présenter les différentes métriques et mesures d'évaluation des classifieurs Bayésiens présentées dans la littérature. Ensuite, nous étudions comment évaluer d'une façon globale un ensemble de classifieurs Bayésiens utilisés simultanément.

6.2 Évaluation des classifieurs

De manière générale, un classifieur peut être construit explicitement par un expert ou bien appris à partir des données d'observation. Il convient de noter un problème commun dans l'apprentissage des classifieurs connu par le « sur-apprentissage ». Il peut arriver qu'un classifieur montre une grande précision dans l'évaluation sur des données d'apprentissage (ou des données de test qui sont très similaires aux données d'apprentissage), mais il est très pauvre face à des cas peu ou non représentés dans les données d'apprentissage. Pour contrôler le problème de sur-apprentissage dans l'évaluation des classifieurs, en générale nous divisons l'ensemble des données en données d'apprentissage et données de test, et nous mesurons l'exactitude de la classification sur les données de test plutôt que sur les données d'apprentissage [JN07].

Une autre façon plus élaborée est d'utiliser une validation croisée. Cette dernière consiste à diviser les données en K groupes, et itérativement (k fois) apprendre le modèle avec $(K\text{-}1)$ groupes et l'évaluer sur le groupe qui reste, à chaque fois avec un groupe de test différent. A la fin, un PCC (Pourcentage de Classification Correcte) globale est calculé en utilisant les K évaluations.

Classes réelles

		c_0	c_1	c_2	.	c_m
	c_0	nb_{00}	nb_{01}	nb_{02}	.	nb_{0m}
	c_1	nb_{10}	nb_{11}	nb_{12}	.	nb_{1m}
	c_2	nb_{20}	nb_{21}	nb_{22}	.	nb_{2m}
	.	.	.	.	.	.
	c_m	nb_{m0}	nb_{m1}	nb_{m2}	.	nb_{mm}

TABLE 6.1 – *Matrice de confusion d'un classifieur avec m classes*

L'évaluation est une phase commune pour tout type de classifieur. Supposons que nous avons un classifieur Bayésien naïf *(CBN)* et un ensemble de données portant sur les variables des attributs et la variable de la classe, et que nous voulons évaluer la qualité de ce classifieur. Une façon traditionnelle d'évaluer un classifieur est de calculer la précision de la classification par le biais du PCC en se basant sur la matrice de confusion.

Pour ce faire, il faut commencer par calculer d'abord la matrice de confusion (voir la Figure 6.1), où chaque ligne de la matrice représente le cas d'une classe prévue, tandis que chaque colonne représente le cas d'une classe réelle. La valeurs nb_{ij} de chaque cellule représente le nombre d'objets classés dans la classe c_i alors qu'ils appartiennent réellement à la classe c_j. Dans cette matrice, la somme des cellules de la diagonale correspond au nombre de classification correcte. L'un des avantages d'une matrice de confusion, c'est qu'il est facile de voir si le classifieur fait une confusion entre deux classes.

$$PCC = \frac{\text{nombre de classifications correctes}}{\text{nombre d'objets classés}}$$

$$= \frac{\sum_{k=0}^{m} nb_{kk}}{\sum_{i=0}^{m} \sum_{j=0}^{m} nb_{ij}} \qquad (6.1)$$

Considérons un exemple pour illustrer le calcul de PCC. Dans la base classique de détection de l'Iris de Fisher [FA10], nous disposons de 4 attributs : *sepal-length* en cm, *sepal-width* en cm, *petal-length* en cm, *petal-width* en cm et une classe *Iris* avec les valeurs : Setosa, Versicolour et Virginica. La base contient 150 enregistrements, dont le Tableau 6.2 affiche une sélection de 21 enregistrements.

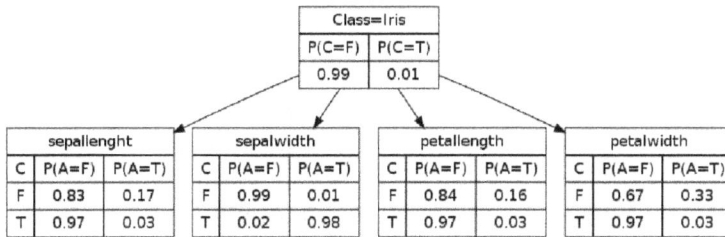

Class=Iris	
P(C=F)	P(C=T)
0.99	0.01

sepallenght			sepalwidth			petallength			petalwidth		
C	P(A=F)	P(A=T)	C	P(A=F)	P(A=T)	C	P(A=F)	P(A=T)	C	P(A=F)	P(A=T)
F	0.83	0.17	F	0.99	0.01	F	0.84	0.16	F	0.67	0.33
T	0.97	0.03	T	0.02	0.98	T	0.97	0.03	T	0.97	0.03

FIGURE 6.1 – *Réseau Bayésien associé au problème de détection de l'Iris*

Après apprentissage (le réseau Bayésien associé est donné dans la Figure 6.1) et classification, la matrice de confusion est donnée dans le Tableau 6.3. Dans cet exemple, 144 cas ont été correctement classifiés, d'où un PCC de 96%.

6.2.1 Classifieurs binaires

Un classifieur binaire est un cas particulier de la classification où la classe contient uniquement deux éléments (n/p), tel que n représente le cas négatif et p représente le cas positif (par exemple les cas « $vrai/faux$ » ou bien « oui/non »). Ce type de classifieur est très utilisé en diagnostic et en recon-

sepal length	sepal width	petal length	petal width	classe
5.1	3.5	1.4	0.2	Iris-setosa
4.9	3.0	1.4	0.2	Iris-setosa
4.7	3.2	1.3	0.2	Iris-setosa
4.6	3.1	1.5	0.2	Iris-setosa
5.0	3.6	1.4	0.2	Iris-setosa
5.4	3.9	1.7	0.4	Iris-setosa
4.6	3.4	1.4	0.3	Iris-setosa
7.0	3.2	4.7	1.4	Iris-versicolor
6.4	3.2	4.5	1.5	Iris-versicolor
6.9	3.1	4.9	1.5	Iris-versicolor
5.5	2.3	4.0	1.3	Iris-versicolor
6.5	2.8	4.6	1.5	Iris-versicolor
5.7	2.8	4.5	1.3	Iris-versicolor
6.3	3.3	4.7	1.6	Iris-versicolor
6.3	3.3	6.0	2.5	Iris-virginica
5.8	2.7	5.1	1.9	Iris-virginica
7.1	3.0	5.9	2.1	Iris-virginica
6.3	2.9	5.6	1.8	Iris-virginica
6.5	3.0	5.8	2.2	Iris-virginica
7.6	3.0	6.6	2.1	Iris-virginica
4.9	2.5	4.5	1.7	Iris-virginica

TABLE 6.2 – *Base de données de l'Iris*

naissance des formes. Notons que dans le domaine de la détection d'intrusions la plupart des classifieurs utilisés sont binaires avec les classes (« normal » et « attaque »). La matrice de confusion d'un classifieur binaire est donnée dans le Tableau 6.4, tel que :

- Vrai Positif (VP) : correspond au nombre de cas positifs qui sont classés en tant que positifs.
- Vrai Négatif (VN) : correspond au nombre de cas négatifs qui sont classés en tant que négatifs.

Classes réelles

	Iris-setosa	Iris-versicolor	Iris-virginica
Iris-setosa	50	0	0
Iris-versicolor	0	48	2
Iris-virginica	0	4	46

TABLE 6.3 – *Matrice de confusion du classifieur de l'Iris*

- Faux Positif (FP) : correspond au nombre de cas négatifs qui sont classés en tant que positifs.
- Faux Négatif (FN) : correspond au nombre de cas positifs qui sont classés en tant que négatifs.

Classe réelle

	p	n
p	Vrai Positif (VP)	Faux Positif (FP)
n	Faux Négatif (FN)	Vrai Négatif (VN)

TABLE 6.4 – *Matrice de confusion d'un classifieur binaire*

En se basant sur la matrice de confusion, plusieurs autres mesures ont été utilisées pour évaluer un classifieur binaire :

- Taux de VP (appelé aussi sensibilité ou rappel) :

$$\frac{VP}{Total\ de\ p} \tag{6.2}$$

- Taux de FP :

$$\frac{FP}{Total\ de\ n} \tag{6.3}$$

– Spécificité (précision) : 1 - taux de FP.

$$\frac{VP}{total\ de\ n} \tag{6.4}$$

– Le score F_1 (également appelé F-score ou F-mesure)[1] est une mesure de la précision d'un test qui combine à la fois la précision et le rappel. Le score F_1 peut être interprété comme une moyenne pondérée de la précision et le rappel, où un score F_1 atteint sa meilleure valeur 1 et la plus mauvaise 0.

La F-mesure traditionnelle (ou équilibrée, score F_1) est la moyenne harmonique de la précision et le rappel :

$$F = 2 * \frac{\text{précision} * \text{rappel}}{\text{précision} + \text{rappel}} \tag{6.5}$$

La formule générale pour un β réel et non-négatif est :

$$F = (1 + \beta^2) * \frac{\text{précision} * \text{rappel}}{\beta^2 * \text{précision} + \text{rappel}} \tag{6.6}$$

6.2.2   Courbe ROC

La courbe ROC (receiver operating characteristic), initialement proposée dans le traitement de signal et récemment introduite dans l'apprentissage automatique et la fouille de données, est une technique de visualisation et de comparaison entre classifieurs en fonction de leurs mesures de performance. C'est une représentation graphique du taux de VP (la sensibilité), par rapport au taux de FP (voir Figure 6.2) [Faw06] sous la forme d'une courbe tracée en joignant un ensemble de points à partir du point $(0,0)$ au $point(1,1)$. Le

---

1. Cette mesure est plus utilisée en recherche d'information [Miz97].

point $(0, 0)$ correspond à un classifieur qui ne détecte rien et qui ne génère aucun faux positif, et le point $(1, 1)$ correspond à un classifieur qui détecte tous les cas positif mais génère un 100% de faux positif. Le reste des points sont obtenu à partir des différentes matrices de confusion construites. Dans le cas des classifieurs Bayésiens, il suffit de varier le seuil de décision pour obtenir plusieurs matrices de confusion.

Notons que le point $(0, 1)$ représente la meilleur classification. De ce fait, un point de l'espace ROC est meilleur qu'un autre s'il a soit un taux de VP plus élevé, soit un taux de FP moins élevé, soit les deux en même temps.

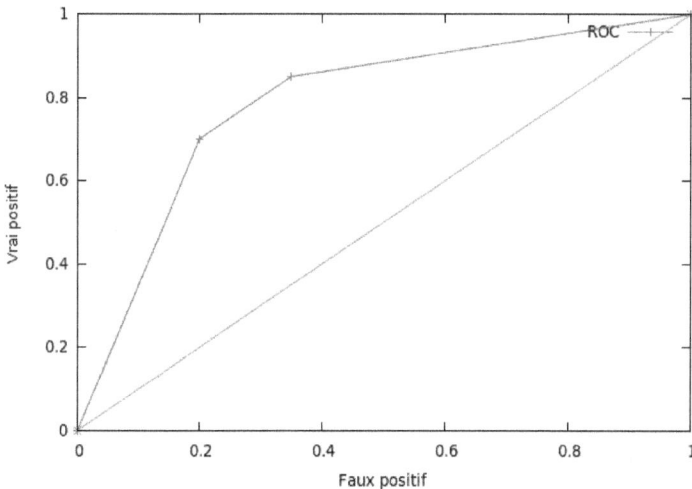

FIGURE 6.2 – *Courbe ROC*

6.3 Mesures d'évaluation d'un multi-classifieur binaire

Toutes les mesures présentées dans la section précédente sont proposées pour évaluer un seul classifieur. Dans certaines applications, tel que le cas en détection d'intrusions (voir Section 8.3), il est parfois possible d'utiliser plusieurs classifieurs simultanément. La question qui se pose maintenant est comment évaluer efficacement un ensemble de classifieurs ?

Dans cette section, nous proposons des métriques permettant de donner une évaluation globale d'un système composé de plusieurs classifieurs (multi-classifieur). Considérons un exemple, supposons qu'on a un garagiste qui dispose de 5 ateliers qui font le diagnostic de la Pneumatique, l'Électricité, la Carrosserie, la Transmission et le Moteur (voir la Figure 6.3)(on utilise N classifieurs dans les formules pour généraliser). Ces classifieurs sont binaires tel que, pour le $i^{\text{ème}}$ classifieur, le résultat de la classification est soit c_i (la classe correspondante à la présence du dysfonctionnement diagnostiqué par l'atelier i), soit c_0 (la classe c_0 représente le cas négatif de la classe c_i, autrement dit, l'absence du dysfonctionnement diagnostiqué).

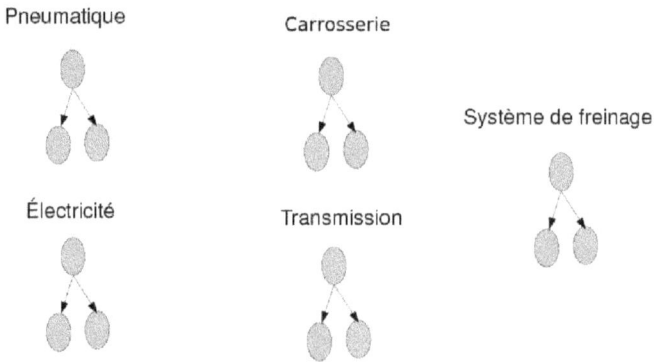

FIGURE 6.3 – *Réseaux Bayésiens associés au problème du garagiste*

Soit W un individu (dans notre exemple, un véhicule) à évaluer par ces classifieurs. W sera décrit par un vecteur, dit réel et qui décrit l'état réel du véhicule, $W_r = (r_1, ..., r_5)$ où $r_i = 1$ (respectivement 0) signifie que W présente (respectivement ne présente pas) le dysfonctionnement analysé par le classifieur numéro i. Lorsque tous les r_i sont égaux à 0, ceci signifie que W est en bon état et ne présente aucun dysfonctionnement.

Soit $W_p = (p_1, ..., p_5)$ le résultat retourné par les classifieurs. Lorsque $p_i = 1$ (respectivement 0), ceci signifie que le $i^{\text{ème}}$ classifieur considère qu'il y a (respectivement, il n'y a pas) la classe c_i.

Supposons que 4 véhicules ont passé le diagnostic chez notre garagiste et les résultats sont données dans le Tableau 6.5.

Vecteurs réels		C_1	C_2	C_3	C_4	C_5
	w_1	0	0	0	0	0
	w_2	1	0	0	0	1
	w_3	0	0	1	0	0
	w_4	0	0	0	0	0

Vecteurs prédits		C_1	C_2	C_3	C_4	C_5
	w_1	0	0	0	0	0
	w_2	1	0	1	0	0
	w_3	1	0	1	0	1
	w_4	1	1	1	0	0

TABLE 6.5 – *Exemple de diagnostic de 4 véhicules*

Le Tableau 6.6 montre les matrices de confusion des 5 classifieurs. En regardant les PCCs obtenus individuellement (voir le Tableau 6.7), nous pouvons avoir une évaluation des performances de chaque atelier. La question maintenant est comment proposer des critères qui évaluent si un individu W_r est correctement classé en considérons les 5 ateliers ensemble ?

$$\frac{1 \mid 1}{0 \mid 2} \quad \frac{0 \mid 1}{0 \mid 3} \quad \frac{1 \mid 2}{0 \mid 1} \quad \frac{0 \mid 0}{0 \mid 4} \quad \frac{1 \mid 0}{1 \mid 2}$$

TABLE 6.6 – *Matrices de confusion des 5 classifieurs*

	C_1	C_2	C_3	C_4	C_5
PCC	75%	75%	50%	100%	75%

TABLE 6.7 – *PCC des 5 classifieurs*

Les différentes mesures des performances des classifieurs sont toutes extraites de la matrice de confusion. De ce fait, nous gardons les même mesures définies précédemment et nous modifions uniquement la façon de construire la matrice de confusion pour avoir une seule matrice globale. Rappelons que dans le calcul d'une matrice de confusion d'un classifieur individuel, chaque instance classée correspond à une valeur de 1 qui sera additionnée à une seule cellule de la matrice de confusion suivant si cette classification est un vp, vn, fp, ou un fn[2]. Dans notre matrice de confusion globale, chaque instance classée produira une valeur de 1 qui sera partagée sur les quatre cellules de la matrice de confusion.

Dans ce qui suit, nous présentons quatre façons de calculer la matrice de confusion globale avec quatre interprétations différentes.

6.3.1   Calcul de la moyenne

La première et la plus simple façon de calculer la matrice de confusion globale est de fusionner les différentes matrices en sommant les cellules une à une. En fait, le PCC qui sera calculé à partir de cette matrice globale correspond à la moyenne des différents $PCC[i]$ obtenus par l'évaluation individuelle de chaque classifieur.

Définition 17. *(La moyenne)*

Soit MC_i, la matrice de confusion du $i^{ème}$ classifieur. La matrice de confusion globale est calculée comme suit :

– le VP_{global} est égale à la moyenne des VP_i.

$$VP_{global} = \frac{\Sigma_{i=0}^{N} VP_i}{N}$$

---

2. Les termes vp, vn, fp et fn en minuscule désignent la classification d'une seule instance. Par contre en majuscule, ils désignent le totale de toutes les instances classées.

– le $VN_{globale}$ est égale à la moyenne des VN_i.

$$VN_{global} = \frac{\sum_{i=0}^{N} VN_i}{N}$$

– le FP_{global} est égale à la moyenne des FP_i.

$$FP_{global} = \frac{\sum_{i=0}^{N} FP_i}{N}$$

– le FN_{global} est égale à la moyenne des FN_i.

$$FN_{global} = \frac{\sum_{i=0}^{N} FN_i}{N}$$

Pour notre exemple, la nouvelle matrice de confusion globale est donnée dans le Tableau 6.8. Ainsi, le nouveau PCC, noté PCC_1 est égal à 0.75.

$$MC_{globale} = \frac{\begin{array}{c|c} \frac{3}{5} & \frac{4}{5} \\ \hline \frac{1}{5} & \frac{12}{5} \end{array}}{}$$

TABLE 6.8 – *Matrices de confusion globale MC_1*

6.3.2 Appariement exact

Une autre façon pour calculer la matrice de confusion globale est de considérer uniquement la concordance exacte entre chaque vecteur réel W_r et vecteur prédit W_p. La matrice de confusion globale est calculée comme suit [3] :

Définition 18. *(Appariement exact)*

Pour chaque objet classé :

– **Si tous les classifieurs ne produisent que du vrai (positif ou négatif) :**

– *le VP_{global} sera incrémenté de la proportion du vp dans le total de vrai.*

$$VP_{global} = VP_{global} + \frac{NB(vp)}{N}$$

---

3. La fonction $NB(X)$ donne le nombre de X.

– *le $VN_{globale}$ sera incrémenté de la proportion du vn dans le total de vrai*

$$VN_{global} = VN_{global} + \frac{NB(vn)}{N}$$

– *les FP_{global} et FN_{global} ne seront pas incrémentés.*

– **S'il y a du faux (positif ou négatif)**

   – *les VP_{global} et VN_{global} ne seront pas incrémentés.*

   – *le FP_{global} sera incrémenté de la proportion du fp dans le total de faux.*

$$FP_{global} = FP_{global} + \frac{BN(fp)}{NB(fp) + NB(fn)}$$

   – *le FN_{global} sera incrémenté de la proportion du fn dans le total de faux.*

$$FN_{global} = FN_{global} + \frac{NB(fn)}{NB(fp) + NB(fn)}$$

Par exemple, le diagnostic du véhicule W_2 (voir le Tableau 6.9) a généré un fp et un fn. Ainsi nous obtenons, $fp_{global} = 0.5$ et $fn_{global} = 0.5$ qui seront additionnés aux FP_{global} et FN_{global}.

	C_1	C_2	C_3	C_4	C_5
w_r^2	1	0	0	0	1
w_p^2	1	0	1	0	0

TABLE 6.9 – *Résultat de diagnostic du véhicule w_2 (cas d'appariement exact)*

Pour notre exemple, la matrice de confusion globale est donnée dans le Tableau 6.10. Ainsi, le nouveau PCC, noté PCC_2, est égal à 0.25.

Cette mesure d'évaluation est très stricte car elle nécessite une concordance exacte entre le vecteur réel et le vecteur prédit. Pour un véhicule donné, non seulement tous les classifieurs doivent détecter les dysfonctionnements

$$MC_{globale} = \begin{array}{c|c} 0 & 2.5 \\ \hline 0.5 & 1 \end{array}$$

TABLE 6.10 – *Matrices de confusion* MC_2

présents dans ce véhicule, mais également aucun faux positif ne doit être généré.

6.3.3 Appariement restreint avec classes prédites ou réelles

Une troisième façon de calculer la matrice de confusion globale est tout simplement de considérer uniquement les cas où il y a une classe réelle ou prédite. En quelque sorte, nous donnons plus d'importance aux cas positifs qu'aux cas négatifs. La nouvelle matrice de confusion globale est calculée comme suit :

Définition 19. *(Appariement restreint)*
Pour chaque objet classé :
  – Si tous les classifieurs ne produisent que du vrai (positif ou négatif) :
    – le VP_{global} est incrémenté de 1 s'il y a au moins un vp,

    – le VN_{global} est incrémenté de 1, sinon.

    – les FP_{global} et FN_{global} ne seront pas incrémentés.

  – S'il y a du faux (positif ou négatif) :
    – le VP_{global} sera incrémenté de la proportion du vp dans le total du faux plus le total de vp.

$$VP_{global} = VP_{global} + \frac{NB(vp)}{NB(vp) + NB(fp) + NB(fn)}$$

    – le FP_{global} sera incrémenté de la proportion du fp dans le total du

faux plus le total de fp.

$$FP_{global} = FP_{global} + \frac{NB(fp)}{NB(vp) + NB(fp) + NB(fn)}$$

– *le FN_{global} sera incrémenté de la proportion du fn dans le total de faux plus le total de fn.*

$$FN_{global} = FN_{global} + \frac{NB(fn)}{NB(vp) + NB(fp) + NB(fn)}$$

En calculant la matrice de confusion globale MC_3, nous distinguons trois situations. La première situation concerne le cas où il y a une concordance exacte entre le vecteur réel et le vecteur prédit. Dans ce cas, nous affectons la valeur 1 au VP s'il y a au moins un vp, sinon c'est le VN qui sera égale à 1. La deuxième situation est lorsque le vecteur réel ne concerne aucune classe et au moins un classifieur prédit une classe. Dans ce cas, nous affectons la valeur 1 au FP. La dernière situation est lorsque le système détecte réellement des classes et produit en même temps du faux (positive ou négatif). Dans ce cas, le système sera pénalisé proportionnellement aux faux positifs ou négatifs produits et les vrais négatifs seront ignorés.

Par exemple, le diagnostic du véhicule W_2 (voir le Tableau 6.11) a généré un vp, mais il a généré aussi un fp et un fn. Ainsi, nous obtenons $vp_{global} = 0.33$, $fp_{global} = 0.33$, et $fp_{global} = 0.33$ qui seront additionnés aux VP_{global}, FP_{global}, et FN_{global}.

	C_1	C_2	C_3	C_4	C_5
w_r^2	1	0	0	0	1
w_p^2	1	0	1	0	0

TABLE 6.11 – *Résultat de diagnostic du véhicule w_2 (cas d'appariement restreint)*

Pour notre exemple, la matrice de confusion globale est donnée dans le Tableau 6.12. Ainsi, le nouveau PCC, noté PCC_3, est égale à 0.41.

$$MC_{globale} = \frac{0.66 \mid 1.66}{0.66 \mid 1}$$

TABLE 6.12 – *Matrices de confusion* MC_3

6.3.4   Interprétation avec disjonction entre les classes

La dernière façon de calculer la matrice de confusion est donnée comme suit :

Définition 20. *(Interprétation avec disjonction)*
Pour chaque objet classé :
- *S'il y a au moins un vrai positif :*
  - *le* VP_{global} *est incrémenté de* 1.

- *Si tous les classifieurs ne produisent que du vrai négatif :*
  - *VN_{global} est incrémenté de* 1.

- *S'il y a du faux (positif ou négatif)*
  - *le* FP_{global} *est incrémenté de la proportion du* fp *dans le total du faux.*

$$FP_{global} = FP_{global} + \frac{NB(fp)}{NB(fp) + NB(fn)}$$

  - *le* FN_{global} *est incrémenté de la proportion du* fn *dans le total du faux.*

$$FN_{global} = FN_{global} + \frac{NB(fn)}{NB(fp) + NB(fn)}$$

En calculant la matrice de confusion globale MC_4, nous distinguons deux situations. La première situation est lorsqu'un véhicule ne présente aucun dysfonctionnement et aucun des classifieurs ne produit un faux positif. Dans ce cas, nous incrémentons le VN de 1. La deuxième situation est lorsque le système détecte des dysfonctionnements. Dans ce cas nous incrémentons le VP de 1 si au moins un des classifieurs détecte réellement un dysfonctionnement, sinon la valeur 1 est divisée entre le FP et FN, proportionnellement aux faux positifs et négatifs produits.

Par exemple, le diagnostic du véhicule W_2 (voir Tableau 6.13) a généré un vp, alors nous obtenons $vp_{global} = 1$, malgré qu'il a généré un fp et un fn.

	C_1	C_2	C_3	C_4	C_5
w_r^2	1	0	0	0	1
w_p^2	1	0	1	0	0

TABLE 6.13 – *Exemple de diagnostic du véhicule w_2 (cas d'interprétation avec disjonction entre les classes)*

Pour notre exemple, la matrice de confusion globale est donnée dans le Tableau 6.14. Ainsi, le nouveau PCC, noté PCC_4, est égal à 0.75.

$$MC_{globale} = \begin{array}{c|c} 2 & 1 \\ \hline 0 & 1 \end{array}$$

TABLE 6.14 – *Matrices de confusion MC_4*

Conclusion

Dans ce chapitre, nous avons proposé des mesures qui permettent de faire une évaluation globale de notre approche de corrélation d'alertes, basée sur des classifieurs Bayésiens naïfs, dans le cas de l'utilisation simultanée de plusieurs classifieurs. Ces mesures sont appropriées pour évaluer des systèmes de détection d'intrusions qui analysent des groupes de connexions par exemple (au lieu d'une connexion à la fois). Cependant, elles peuvent être utilisées pour évaluer tout ensemble de classifieurs (Bayésiens ou autre) dont la décision est binaire (positif/négatif).

Troisième partie

Études de cas

Chapitre 7

Présentation des données d'expérimentations

7.1 Introduction

Les données que nous allons utiliser dans les expérimentations de cette troisième partie de ce livre sont collectées dans le cadre du projet ANR PLA-CID. Dans ce qui suit nous présentons une brève description du projet PLA-CID, ainsi que davantage de détails techniques sur ces données.

7.2 Projet PLACID

Le projet PLACID [1] (Probabilistic graphical models and Logics for Alarm Correlation in Intrusion Detection) est un projet de l'agence nationale de recherche (ANR). Il a pour objectif d'offrir une solution globale pour la gestion des alertes, en fournissant un cadre unifié et formel pour la représentation des alertes et des informations contextuelles. Cette solution globale inclut aussi une approche Bayésienne basée sur la représentation de l'incertitude et la détection d'attaques coordonnées. En outre, le projet prend en compte également ment l'opérateur de sécurité par la modélisation de ses préférences.

Les objectifs du projet PLACID comprennent la réalisation :

– d'une représentation formelle pour les informations en détection d'intrusions, appelé IDDL (Intrusion Detection Description Logic), basée sur les logiques de description. IDDL fournit aux outils de sécurité un cadre formel pour caractériser leurs observations, partager leurs connaissances avec des outils tiers et de raisonner sur leurs complémentarités.

– d'une approche Bayésienne pour la corrélation d'alertes. Le but est de modéliser l'incertitude associée aux alertes, pour représenter les actions malveillantes, et de modéliser les relations de corrélation entre les alertes. L'utilisation des réseaux Bayésiens a plusieurs avantages tels que l'évaluation du succès des attaques, en réduisant l'ensemble des

---

1. http://placid.insa-rouen.fr/

scénarios d'attaque possibles, l'apprentissage des relations de corrélation, ou de trouver les causes premières des alertes.

- de composants logiciels pour la corrélation d'alertes. Le projet comprend le développement de logiciels d'application de corrélation basés
sur une approche Bayésienne et des outils de raisonnement IDDL, intégré dans une solution globale pour le traitement d'alertes.

Ce projet combine l'expertise en intelligence artificielle et la sécurité informatique afin d'une part de développer un modèle formel pour la représentation des alertes hétérogènes et d'autre part d'exploiter la puissance expressive de réseaux Bayésiens pour faire face à l'incertitude et de corréler des
alertes. Une partie des contributions de ce livre s'inscrit dans le cadre de ce
projet.

7.3   Collecte et nettoyage des données

Les données sont collectées dans un réseau universitaire comprenant un
sous-réseau interne, un sous-réseau public, et un réseau sans fil Wifi. Ces trois
réseaux sont interconnectés via des passerelles et le tout est connecté à Internet via un routeur (voir Figure 7.1). Dans ce réseau, plus de 400 machines
sont connectées au réseau public Internet. La surveillance et la détection d'intrusions sont assurées par plusieurs SDIs réseaux de type Snort déployés sur
plusieurs points du réseau. Ces SDIs sont reliés à une console de centrali-
sation des alertes, fournie dans la plate-forme Prelude [2]. Il convient de noter
que ces SDIs analysent le trafic interne entre les machines du réseau et le
trafic externe vers Internet, et détectent toutes les attaques internes, entrantes
et sortantes.

Pendant un mois de surveillance, les alertes collectées sont sauvegardées

---

2. Prelude est un système de détection d'intrusions (SDI) hybride composé d'un
SDI réseau, un SDI hôte et un système de surveillance des journaux, http://www.
prelude-technologies.com/en/welcome/index.html

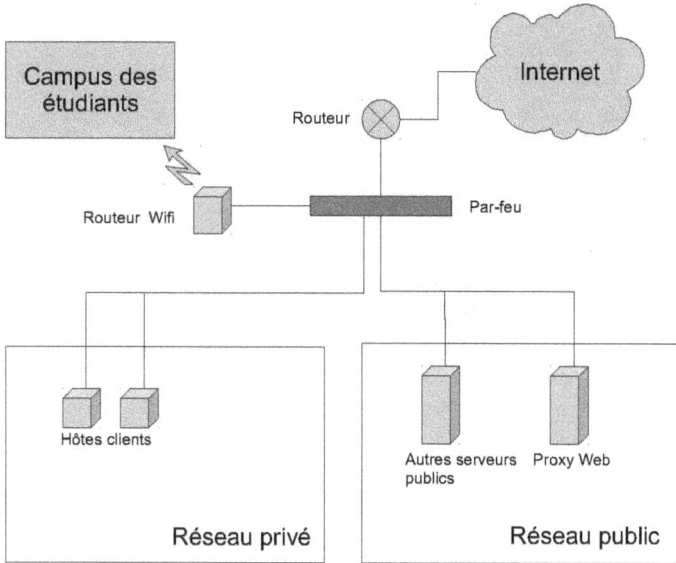

FIGURE 7.1 – *Réseau du campus universitaire*

dans un fichier XML selon le format IDMEF. Ce fichier est traité par un programme que nous avons développé pour alimenter une base de données créée en utilisant le SGBD mysql, conformément au modèle IDMEF. L'étape qui suit la collecte est une étape de nettoyage de données qui consiste à supprimer les alertes redondantes.

Les SDIs ont signalé 340537 alertes, ce qui représente une tâche d'analyse de 11351 alertes par jour. Cette tâche est pratiquement irréalisable et confirme le problème d'inondation d'alertes que les SDIs actuels incombent à la tâche d'analyse. Les alertes rapportées concernent plusieurs services et applications du campus, tels que : la messagerie, le web, le ftp, etc. Cependant, la majorité des alertes sont rapportées au sujet du Web qui est l'activité principale d'un campus universitaire. La Figure 7.2 montre la distribution des attaques par rapport aux services ou applications concernées. La liste complète des attaques est donnée dans l'annexe.

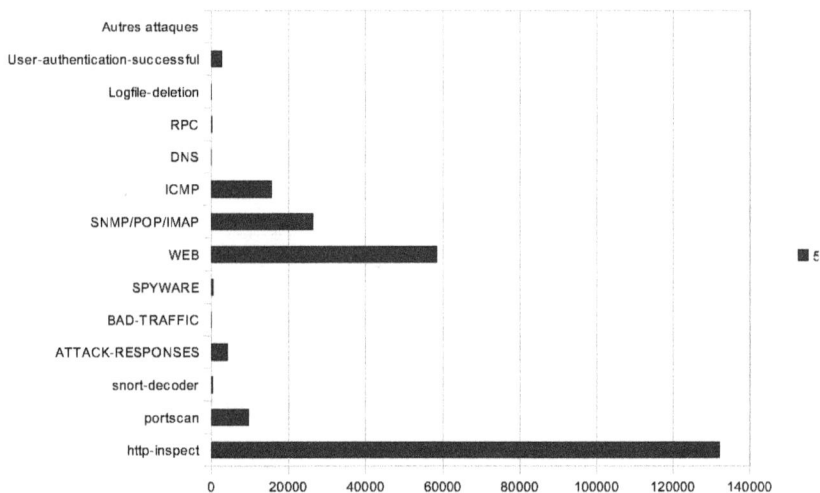

FIGURE 7.2 – *Répartition des attaques par application*

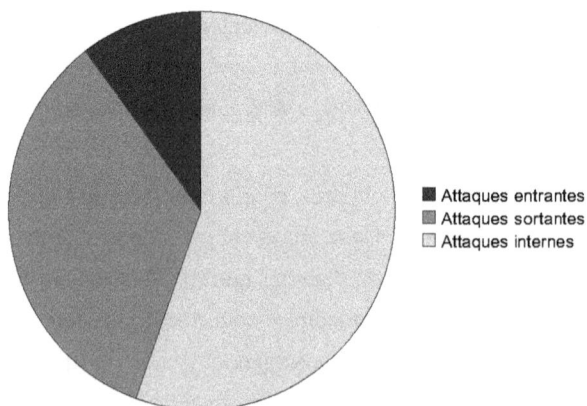

FIGURE 7.3 – *Répartition des attaques par source/destination*

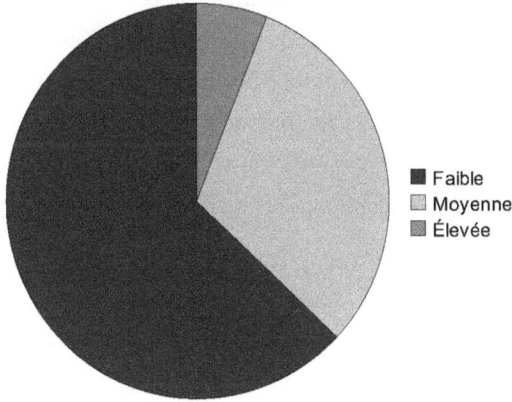

FIGURE 7.4 – *Répartition des attaques par degré de sévérité*

Les Figures 7.3 et 7.4 montrent la distribution des alertes en termes de direction des attaques (entrantes, sortantes, et internes) et en termes de sévérité (faible, moyenne, et élevée), respectivement. Nous constatons que la majorité des alertes sont internes. Cependant ces dernières peuvent être en relation avec des attaques entrantes (provenant d'un attaquant externe). Nous constatons également que la majorité des attaques ont une sévérité faible et que les attaques sévères représentent uniquement 5.95% des attaques. Cependant, en regardant les attaques entrantes qui sont les plus importantes pour les opérateurs de sécurité, le pourcentage des attaques sévères est de 22.33%. Autrement dit, la majorité des attaques sévères sont provoquées par des attaquants externes.

Conclusion

Dans ce chapitre, nous avons présenté les données d'expérimentations fournies dans le cadre du projet de recherche PLACID. Ces données sont collectées dans un monde réel et contiennent des attaques récentes et diversifiées contre un réseau académique opérationnel. L'utilisation d'un réseau réel reflète bien l'état actuel de la détection d'intrusions et met en évidence les problèmes qui persistent toujours tels que le taux très élevé des fausses alertes. Ces données seront utilisées pour évaluer notre modélisation du problème de corrélation d'alerte dans le chapitre suivant (Section 8.3).

Chapitre 8

Résultats expérimentaux

8.1 Introduction

Dans la deuxième partie de ce livre, nous avons présenté nos principales contributions sans donner d'expérimentations. Nous consacrons ce chapitre pour présenter deux expérimentations. La première expérimentation, réalisée sur des données simulées, concerne la détection d'un scénario d'attaque par déni de service. Nous comparons dans cette expérimentation notre approche de corrélation d'alertes avec celle basée sur les pré-conditions et les post-conditions. La deuxième expérimentation est réalisée sur les données PLACID (voir chapitre 7) qui concerne la détection d'un certain nombre d'attaques sévères dans un réseau académique.

8.2 Modélisation d'un problème DDoS et évaluation sur les données DARPA'2000

Cette section décrit l'application de notre approche ainsi que l'approche par pré-condition et post-condition sur les données DARPA'2000. La section 8.3 présentera une autre étude expérimentale sur les données PLACID.

8.2.1 Description des données DARPA'2000

L'évaluation faite par DARPA en 2000 comporte deux scénarios d'attaque de type Déni de Service Distribué (DDoS). Nous nous intéressons au scénario appelé LLDDoS 1.0 (Lincoln Laboratory Scenario (DDoS) 1.0). Ce scénario est conçu pour être mené par des attaquants débutants en utilisant des scripts prédéfinis. Il est divisé en 5 phases et exécuté sur 3 réseaux : un sous-réseau local privé, une DMZ (Zone démilitarisée) et le réseau public (Internet).

L'objectif de l'attaque est de permettre aux attaquants débutants de pénétrer dans plusieurs sites à travers Internet, installer les outils (programmes) nécessaires pour le DDoS et lancer le DDoS contre des sites gouvernemen-

taux. Cette attaque exploite la vulnérabilité de l'outil Remote-To-Root Sadmind (outil d'administration à distance sur des stations de travail Solaris)
pour obtenir un accès root sur les trois hôtes Solaris du site de l'Air Force
Base (AFB). L'attaque se déroule en 5 phases :

1. Scan du site AFB à partir d'un site distant.

2. Recherche des adresses IP des ordinateurs Solaris exécutant Sadmind.

3. Compromission des ordinateurs via une vulnérabilité dans Sadmind.

4. Installation du « trojan mstream » DDoS sur les trois ordinateurs du site
   AFB.

5. Lancement du DDoS.

Dans une première étape, l'attaquant effectue un IPsweep sur plusieurs
sous-réseaux sur le site AFB. Il envoie des requêtes ICMP-echo dans ce ba-
layage et écoute les réponses ICMP-echo afin de découvrir les ordinateurs
en marche. Ensuite, les ordinateurs découverts sont interrogés pour déterminer ceux qui exécutent Sadmind. Par la suite, l'attaquant essaie de compromettre l'exécution de ces derniers. Il tente d'exploiter Sadmind plusieurs fois
dans chaque ordinateur, chaque fois avec des paramètres différents. Á la fin
de cette étape, l'attaquant obtient un accès root sur trois ordinateurs. Dans
l'étape suivante, l'attaquant effectue une connexion Telnet sur les ordinateurs atteints et installe les outils nécessaires pour le DDoS (mstream serveur
et mstream client). Dans la dernière étape, l'attaquant lance le DDoS contre
la victime.

Les données DARPA'2000 contiennent un trafic réseau brute capturé par
un analyseur de trafic réseau pendant l'exécution du scénario d'attaque. Il
nous faut maintenant déterminer les actions de ce scénario, ceci est fait avec
l'aide d'un SDI (Snort). Après l'analyse des données DARPA'2000 avec
Snort, nous avons constaté que les alertes générées concernent les actions
du Tableau 8.1.

Alerte	Description
A_1 : icmp_ping	message ICMP-Request demandant si une machine est en marche
A_2 : rpc_sadmind_request	requête RPC (Remote Procedure Call) demandant le port d'exécution de l'outil Sadmind
A_3 : sadmind_ping	requête vérifiant l'existence de Sadmind
A_4 : sadmind_root_query	requête au serveur Sadmind avec des privilèges administrateur
A_5 : sadmind_bof	tentative d'attaque par débordement de tampon sur Sadmind
A_6 : icmp_reply	message ICMP-Reply (réponse au ping) confirmant que la machine est en marche
A_7 : telnet_info	ouverture d'une session Telnet avec succès
A_8 : telnet_login_incorrect	tentative d'ouverture d'une session Telnet avec échec
A_9 : telnet_bad_login	tentative d'ouverture d'une session Telnet avec échec
A_{10} : rsh_root	ouverture d'une session RSH (remote shell) avec succès
A_{11} : icmp_port_unreachable	réponse négative au ping (la machine n'existe pas)

TABLE 8.1 – *Actions détectées par Snort dans les données DARPA'2000*

8.2.2 Modélisation par pré-conditions et post-conditions

Les expressions des pré-conditions et post-conditions des attaques élémentaires sont formulées, en utilisant la logique des prédicats, dans un type abstrait que nous appelons « méta-alerte ».

Une méta-alerte T est un triplet (fait, pré-conditions, post-conditions) dont :

- Fait : est un ensemble d'attributs (nom de variable) ;
- Pré-conditions : est une expression logique qui définit ce qui doit être vrai pour réussir l'attaque.
- Post-conditions : est une expression logique qui spécifie ce qui sera valide après la fin de l'attaque.

Cette modélisation est basée sur « *prépare* » qui est une relation de causalité entre les méta-alertes. Nous définissons la relation *prépare* comme suit : « une méta-alerte h' prépare une autre méta-alerte h s'il existe un prédicat p appartenant à la fois aux *Postconditions(h')* et aux *Préconditions(h)* »

[NCR02, CM02]. En utilisant cette relation sur un ensemble d'alertes, nous pouvons représenter les scénarios d'attaque possibles sous forme de graphes orientés. Dans ces graphes, les nœuds représentent les différentes étapes (attaques élémentaires) des scénarios et les arcs représentent les relations entre ces attaques élémentaires. La direction des arcs montre l'ordre chronologique de la détection des attaques, c'est à dire qu'un nœud source est détecté avant un nœud destination.

Pour appliquer cette modélisation sur les données DARPA'2000, nous définissons les pré-conditions et les post-conditions des actions du Tableau 8.2. Cette opération est très difficile et nécessite l'aide d'un expert. Nous avons réalisé cette opération en se basant sur la documentation de Snort et sur notre connaissance préalable du scénario. Les pré-conditions et post-conditions sont données dans le Tableau 8.2.

Méta-alerte	Préconditions	Postconditions
$A_1(DesIP)$		scanNode(DesIP)
$A_2(DesIP)$	existNode(DesIP)	runSadmind(DesIP, DestPort)
$A_3(DesIP, DestPort)$	runSadmind(DesIP, DestPort)	sadmindVulnerable(DesIP, DestPort)
$A_4(DesIP, DestPort)$	sadmindVulnerable(DesIP, DestPort)	sadmind_root_query(DesIP, DestPort)
$A_5(DesIP, DestPort)$	sadmind_root_query(DesIP, DestPort)	gainAccesRoot(DesIP)
$A_6(SrcIP)$	scanNode(DesIP)	existNode(SrcIP)
$A_7(DesIP)$	gainAccesTelnet(DesIP)	loginTelnet(DesIP)
$A_8(DesIP)$		attemptLoginTelnet(DesIP)
$A_9(DesIP)$		badLoginTelnet(DesIP)
$A_{10}(DesIP)$	gainAccesRoot(DesIP)	hostCompromised(DesIP)
$A_{11}(IP)$	scanNode(DesIP)	not existNode(IP)

TABLE 8.2 – *Pré-conditions et post-conditions des actions (les actions A_i sont décrites dans le Tableau 8.1)*

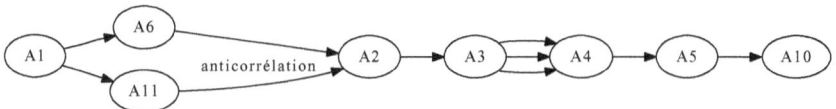

FIGURE 8.1 – *Graphe de corrélation du premier scénario DARPA'2000*

Ensuite, nous avons implémenté et appliqué le mécanisme de pré-conditions et post-conditions sur une machine qui a été exploitée dans l'attaque DDoS. Nous avons testé la relation *prépare* entre les différentes alertes rapportées pour cette machine et nous avons construit le graphe de corrélation (voir la Figure 8.1). Ce graphe nous a permis de suivre les alertes rapportées pour cette machine et de conclure qu'elle a été atteinte par l'attaquant (un accès root a été obtenu). L'arc entre A_{11} et A_2 représente une anti-corrélation. C'est à dire, si A_{11} (cette action nous informe que la machine n'existe pas) est observée, le scénario ne peut être achevé. La répétition d'arcs entre deux nœuds signifie que l'action a été tentée plusieurs fois avant d'être réalisée.

8.2.3   Modélisation par les réseaux Bayéiens naïfs (notre approche)

Dans notre approche, les actions du Tableau 8.2 représentent l'ensemble des variables du réseau Bayésien naïf et l'objectif d'intrusion DDoS représente le nœud classe avec les deux valeurs possibles : *objectif atteint, objectif non atteint*.

Dans DARPA'2000, l'attaque DDoS a été réalisée sur une période d'environ 3 heures sur 5 phases distinctes. Nous prenons 3 heures comme une fenêtre de temps pour traiter les alertes rapportées par Snort. Le prétraitement des données DARPA'2000 a donné 44 vecteurs étiquetés par la valeur « 1 » lorsque la fenêtre concerne une attaque DDoS réussie, ou par la valeur « 0 » lorsque la fenêtre concerne un trafic normal. La Figure 8.2 montre le réseau Bayésien naïf du premier scénario DARPA'2000.

Voyons maintenant comment chaque action du premier scénario DARPA'2000 influence l'objectif d'intrusion DDoS. A priori le réseau Bayésien naïf de la Figure 8.2 n'indique rien sur le scénario d'attaque, mais après l'application d'un simple calcul d'influence entre les variables et la classe (le DDoS), nous pouvons clairement identifier les actions impliquées dans le plan d'attaque.

Le Tableau 8.3 montre l'influence de chaque action représentée par la

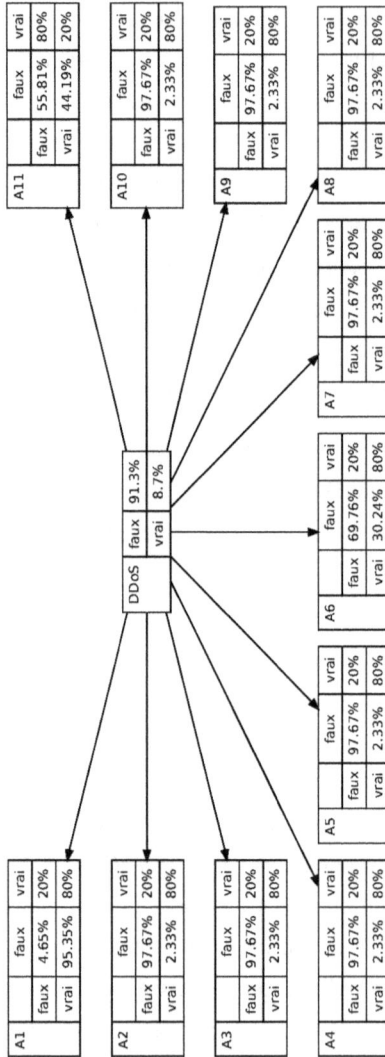

FIGURE 8.2 – *Réseau Bayésien naïf du premier scénario DARPA'2000*

Action	$P(DDoS|Aj)$
A_1	7.4%
A_2	29.1%
A_3	76.6%
A_4	76.6%
A_5	76.6%
A_6	20.1%
A_7	76.6%
A_8	76.6%
A_9	76.6%
A_{10}	76.6%
A_{11}	4.1%

TABLE 8.3 – *Influence des actions sur l'objectif dintrusion « DDoS »*

nouvelle probabilité de l'objectif d'intrusion. Les actions A_3, A_4, A_5, A_7, A_8, A_9 et A_{10} ont une influence critique sur l'objectif d'intrusion, car la probabilité d'atteindre l'objectif d'intrusion, sachant chacune de ces actions, dépasse 50%. Les actions A_2 et A_6 ont une influence positive sur l'objectif d'intrusion, car la probabilité d'atteindre l'objectif d'intrusion, sachant chacune de ces actions, augmente sans dépasser 50%. Les autres actions ont une influence négative sur l'objectif d'intrusion, car la probabilité d'atteindre l'objectif d'intrusion, sachant chacune de ces actions, diminue.

Cette analyse ne concerne que la première étape de la prédiction, à savoir si une seule action est observée. Maintenant, nous allons voir comment effectuer cette analyse sur la base des alertes rapportées.

Actions Observées	$P(DDoS|Aj)$
A_1	7.4%
A_1, A_2	25.6%
A_1, A_2, A_3	92.2%
A_1, A_2, A_3, A_4	99.8%
A_1, A_2, A_3, A_4, A_5	100%

TABLE 8.4 – *Cas de succès du DDoS*

Nous illustrons la phase de prédiction avec deux scénarios extraits des données DARPA'2000. Ces deux scénarios représentent respectivement un cas de succès et un cas d'échec de l'attaque DDoS contre deux ordinateurs distincts. Ces deux scénarios ont été retirés de l'étape d'apprentissage, à savoir le prétraitement des données et la construction du réseau Bayésien naïf pour les utiliser dans la phase de prédiction. Ces deux scénarios sont utilisés pour tester notre approche.

Actions Observées	$P(DDoS|Aj)$
A_1	7.4%
A_1, A_2	25.6%
A_1, A_2, A_6	47.6%
A_1, A_2, A_6, A_{11}	29.2%

TABLE 8.5 – *Cas d'échec du DDoS*

Avant de recevoir des alertes, la probabilité que l'objectif d'intrusion « DDoS » soit atteint est de 8,7% (Figure 8.2). Après avoir rejoué le premier scénario, Snort a détecté l'ensemble d'actions suivant : { A_1, $A2$, A_3, A_4, A_5, A_6, A_7, A_8, A_9, A_{10}}, dans l'ordre chronologique croissant. Après avoir généré chaque alerte, nous mettons à jour ces observations dans le réseau Bayésien naïf et nous inférons la nouvelle probabilité d'atteindre le DDoS (Tableau 8.4). Selon la nouvelle probabilités, après la génération de l'alerte A3, nous pouvons confirmer que le DDoS peut être atteint (puisque $P(DDoS|A_1, A_2, A_3) > 0.5$). Une alerte sera donc générée sans attendre l'expiration du délai d'attente.

Après avoir rejoué le deuxième scénario, Snort a détecté l'ensemble d'actions suivant : { A_1, A_2, A_6, A_{11}}, dans l'ordre chronologique croissant. Après avoir généré chacune de ces alertes, nous mettons à jour ces observations dans le réseau Bayésien naïf et nous inférons la nouvelle probabilité du DDoS (Tableau 8.5). Après avoir généré A_{11}, nous n'avons pas observé d'autres actions jusqu'à l'expiration du délai d'attente. Une fois le délai expiré, nous avons constaté que la probabilité d'atteindre l'objectif d'intrusion n'a pas dépassé le seuil. Donc, nous pouvons confirmer que le DDoS ne peut pas être atteint (le trafic est normal) et nous redémarrons la phase de détection.

8.2.4 Discussions

Dans cette section, nous avons appliqué notre approche et l'approche par pré-conditions et post-conditions sur les données DARPA'2000 et nous avons montré que les deux approches détectent bien les attaques DDoS. Cependant, cet exemple est très simple et contient un petit nombre d'attaques (11 attaques), alors qu'en réalité les données peuvent contenir des centaines d'actions (par exemple les données réelles utilisées dans la section 8.3 contiennent plus de 170 types d'attaques). Un nombre très important d'attaques rend la définition des pré-conditions et post-conditions très difficile, voire impossible.

Dans les données DARPA'2000, malgré le nombre réduit d'actions, certaines actions n'ont pas de pré-conditions telle, que l'action « *ping* » (A_1 dans le Tableau 8.1), alors que pour d'autres actions, il n'est pas évident de définir les pré-conditions telle que l'action « *telnet_info* » (A_7 dans le Tableau 8.1), qui indique qu'un login Telnet vient de se réaliser avec succès sur une machine. N'importe quel utilisateur peut se connecter directement sur un serveur Telnet en possédant un compte sans besoin de pré-conditions, même pour un attaquant. Dans notre approche le nombre d'actions est réduit par la sélection des actions pertinentes en utilisant le test χ^2.

Dans l'approche par pré-conditions et post-conditions, si les détecteurs ratent la détection d'une attaque au milieu d'un scénario, le système ne peut pas la déduire tout seul, ce qui se traduit par la génération de deux sous graphes isolés (le cas où l'information est incomplète).

L'approche par pré-conditions et post-conditions cherche à trouver le scénario le plus plausible, à partir de la situation courante, en utilisant la généra-

tion d'alertes virtuelles qui s'enchaînent jusqu'à atteindre un objectif d'intrusion. Cette technique peut, dans le pire des cas, générer un nombre important
d'alertes. Dans notre approche, une fois les réseaux Bayésiens construits, le
processus d'inférence devient linéaire.

Finalement, dans l'approche par pré-conditions et post-conditions, la corrélation est basée sur la relation *prépare*, donc si l'attaquant ne prépare pas
une certaine attaque, et entame directement la phase suivante, s'il connaît par
exemple au préalable les informations nécessaires, cette situation nous mène
aussi à des sous graphes isolés.

Notre approche est basée sur les réseaux Bayésiens qui sont appropriés
pour manipuler des informations incomplètes et incertaines. Même si le détecteur rate certaines actions d'un scénario, notre approche est capable de
corréler les autres actions observées dans un seul scénario.

8.3   Application à la détection des attaques sévères

Le but de la première expérimentation, présentée dans la section précédente, était de fournir un mécanisme efficace pour la détection des attaques
coordonnées basées sur les données de test DARPA'2000. Dans cette section,
nous présentons un deuxième cas d'étude dans le but de fournir un mécanisme permettant aux opérateurs de sécurité de prédire les alertes de sévérité
élevée.

Plus précisément, le mécanisme proposé permettra aux opérateurs de sécurité de se concentrer directement sur les alertes sévères et seulement sur
les alertes (de faible sévérité) qui contribuent à réaliser ces attaques sévères
(attaques pertinentes).

8.3.1 Sévérité d'actions et corrélation d'alertes

Les SDIs peuvent associer une sévérité à une action (attaque) qui représente son impact sur les systèmes d'information. Certaines actions cherchent simplement à collecter des informations sur les systèmes d'information comme par exemple les actions de type « Probe ». D'autres actions changent les systèmes d'information avec plusieurs niveaux de sévérité (habituellement faible, moyen et élevé). Les actions de faible et moyenne sévérité peuvent changer les systèmes d'information sans vraiment compromettre leur sécurité. Cependant, en présence d'actions sévères il y a une forte probabilité que la sécurité des systèmes d'information soit compromise. Dans ce qui suit, nous définissons l'échelle de niveau de sévérité comme :

sévérité = {faible, moyenne et élevée}.

Les actions de faible et moyenne sévérité peuvent avoir une influence sur les actions sévères. Les actions sévères doivent être alors présentées aux opérateurs de sécurité, mais des alertes additionnelles qui sont liées à ces alertes sévères devraient être présentées également, ne serait-ce que pour un but de diagnostic.

Nous définissons les actions qui contribuent à réaliser des attaques sévères comme un ensemble $S = \{A_1, A_2, ..., A_n, H\}$, où A_i sont des instances d'actions et H est une action sévère tel que : A_i a une influence positive sur H. L'attaque sévère (H) va représenter alors la variable classe du réseau Bayésien naïf et les actions (A_i) vont représenter les variables nœuds. Autrement dit, l'attaque sévère joue le rôle de l'objectif d'intrusion et les attaques de faible sévérité jouent le rôle des actions.

8.3.2 Données d'expérimentations

Les données de test sont collectées en surveillant un réseau académique pendant 3 mois, en utilisant le système de détection d'intrusions « Snort ».

Ces données contiennent plus d'un million d'alertes. Ce volume important
d'alertes confirme le problème d'inondation d'alertes qui rend les opérateurs
de sécurité incapables d'analyser toutes les alertes. Cependant, la plupart
des alertes rapportées ne représentent pas une vraie menace pour le système
surveillé (attaques avec une faible sévérité), mais les opérateurs de sécurité
ne peuvent simplement pas analyser les attaques sévères et ignorer le reste.
Notre but est de montrer que certaines attaques sévères peuvent être préparées par des attaques de faible sévérité, puis nous emploierons cette propriété
pour réduire le volume d'alertes et présenter aux opérateurs de sécurité un
nombre réduit d'alertes qui rapportent des attaques pertinentes.

Les données contiennent des alertes de sévérité faible (62.95%), moyenne
(31.07%) et élevée (5.98%). Notons que les actions de faible et moyenne
sévérité représentent plus de 94% du volume des alertes rapportées. Ces données contiennent plus de 171 types d'attaque et plus de 400 machines surveillées. Notons que certaines attaques sont fréquemment rapportées (comme
par exemple les 6 attaques que nous allons sélectionner dans la section suivante), alors que d'autres attaques sont très rares, telle que l'attaque « WEB-
MISC /home/www access » qui vise l'accès au répertoire racine d'un serveur
Web. Nous avons noté également que certaines machines sont concernées
uniquement par quelques attaques sévères alors que d'autres machines ne
sont concernées par aucune attaque sévère.

Ces données contiennent deux principales difficultés. La première est le
volume important des alertes rapportées, plus d'un million, qui rend leur gestion très difficile. La deuxième est le taux élevé de fausses alertes. Pour réduire les fausses alertes, nous avons supprimé certaines alertes générées par
les préprocesseurs de Snort. Ces alertes peuvent être évitées si la configuration par défaut n'a pas été utilisée. Par exemple, le préprocesseur « http_inspect »,
qui vérifie la conformité du trafic Web aux protocoles HTTP, a généré plus
de 40% des alertes. Ceci est dû au fait que les opérateurs de sécurité utilisent

les outils avec la configuration par défaut. Nous avons utilisé uniquement un mois de données ce qui est suffisant pour la phase d'apprentissage.

8.3.3 Critères d'évaluation et résultats expérimentaux

Dans cette section, nous présentons les résultats de la détection des attaques sévères contenues dans les données de test en utilisant les différents réseaux Bayésiens naïfs construits avec les données d'apprentissage. Parmi les attaques sévères rapportées, nous avons dans un premier temps sélectionné les 6 attaques ci-dessus pour l'analyse et surtout pour illustrer notre approche sur des exemples simples et concrets. Notre choix est basé sur plusieurs critères tels que la répartition des observations dans le temps et la fréquence d'observation (les attaques rares sont difficiles à analyser). Ces 6 attaques sont :

1. WEB-FRONTPAGE .... request (snort id : 966)

2. WEB-IIS asp-dot attempt (snort id : 997)

3. WEB-IIS cmd.exe access (snort id : 1002)

4. WEB-CLIENT Microsoft wmf metafile access (snort id : 2436)

5. WEB-MISC malformed ipv6 uri overflow attempt (snort id : 5715)

6. WEB-PHP Pajax arbitrary command execution attempt (snort id : 8734)

Les réseaux Bayésiens construits et associés à ces attaques sont présentés dans la Figure 8.3.

Évaluation individuelle

Comme pour les données d'apprentissage, les données de test sont d'abord formatées pour construire un ensemble de fenêtres. Pour un réseau Bayésien naïf associé à une action sévère donnée, chaque fenêtre peut soit contenir l'attaque sévère, soit contenir un trafic normal. Nous classifions chaque fenêtre en plaçant toutes les actions observées sur le réseau Bayésien naïf et nous inférons la probabilité d'observer l'action sévère.

Ensuite, selon la nouvelle probabilité, nous décidons si la fenêtre devrait contenir l'attaque sévère ou non ($P(classe) > Seuil$). Selon le vrai contenu de la fenêtre, nous distinguons 4 situations qui correspondent aux vrai positif (vp), vrai négatif (vn), faux positif (fp) et faux négatif (fn).

L'évaluation de l'efficacité de la classification est souvent (et traditionnellement) basée sur le *Pourcentage de Classification Correcte* (PCC) qui est défini comme suit :

$$PCC = \frac{VP+VN}{VP+VN+FP+FN} \qquad (8.1)$$
$$= \frac{\text{Nombre de fenêtres bien classées}}{\text{Nombre total des fenêtres}}$$

Le Tableau 8.7 donne les *PCC* individuels des réseaux Bayésiens associés à chacune des attaques. La classification individuelle est réalisée dans le sens suivant. Soit une fenêtre de test W qui contient un certain nombre d'actions et une classe d'attaque sévères qui peut contenir la valeur « 0 » (ce qui signifie qu'aucune attaque sévère n'est présente dans la fenêtre de test) ou une valeur $i \in \{1, 2, 3, 4, 5, 6\}$, indiquant l'identifiant de l'attaque sévère présente dans W. Pour chaque réseau Bayésien naïf RB_j associé à une attaque sévère j, nous considérons que RB_j a correctement classifié W si la prédiction de RB_j correspond à l'attaque réelle présente dans W. Le Tableau 8.7 montre que la majorité des réseaux Bayésiens naïfs détectent correctement les attaques de sévérité élevée.

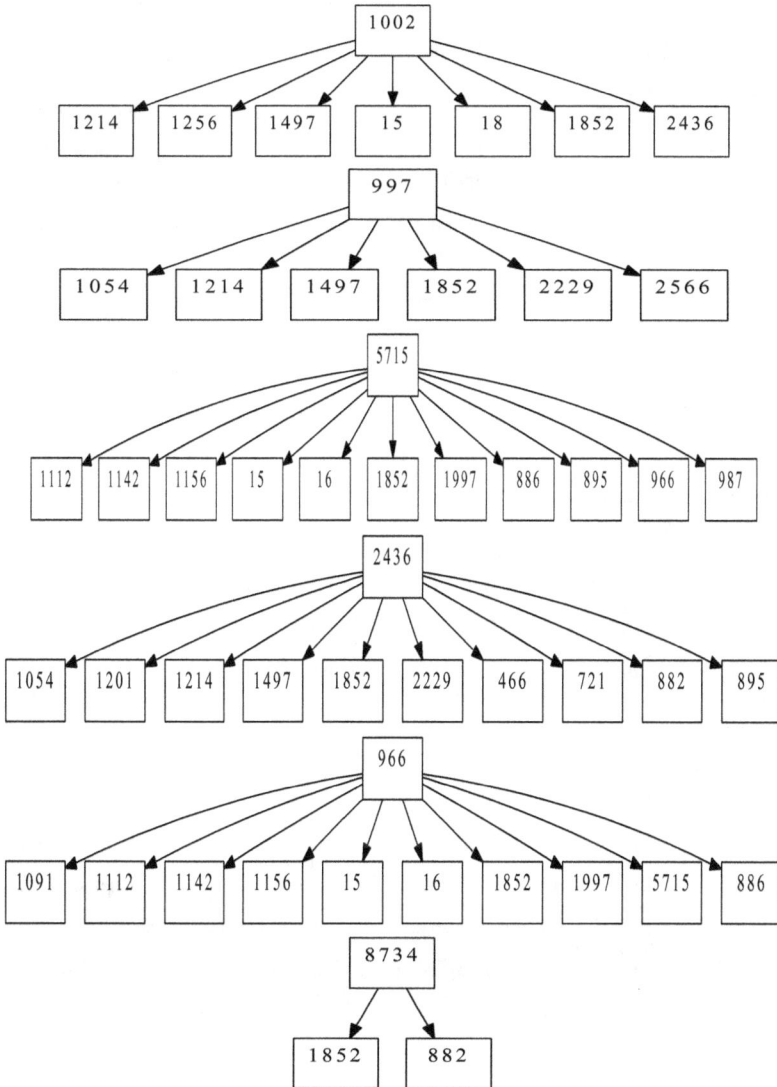

FIGURE 8.3 – *Réseaux Bayésiens associés aux attaques surveillées. Le numéro du nœud correspond à l'identificateur de l'alerte dans le Tableau* 8.6

Snort ID	Nom d'attaque	Référence de la vulnerabilité
466	ICMP L3retriever Ping	arachnids,311
721	VIRUS OUTBOUND bad file attachment	snort,721
882	WEB-CGI calendar access	snort,882
886	WEB-CGI phf access	arachnids,128 ; bugtraq,629 ; cve,1999-0067
895	WEB-CGI redirect access	bugtraq,1179 ; cve,2000-0382
905	WEB-COLDFUSION application.cfm access	bugtraq,1021 ; cve,2000-0189
966	WEB-FRONTPAGE .... request	arachnids,248 ; bugtraq,989 ; cve,1999-0386 ; cve,2000-0153 ; nessus,10142
987	WEB-IIS .htr access	bugtraq,1488 ; cve,2000-0630 ; nessus,10680
995	WEB-IIS ism.dll access	bugtraq,189 ; cve,1999-1538 ; cve,2000-0630
996	WEB-IIS anot.htr access	bugtraq,2110 ; cve,1999-0407
997	WEB-IIS asp-dot attempt	bugtraq,1814 ; nessus,10363
1002	WEB-IIS cmd.exe access	snort,1002
1054	WEB-MISC weblogic/tomcat .jsp view source attempt	bugtraq,2527
1091	WEB-MISC ICQ Webfront HTTP DOS	bugtraq,1463 ; cve,2000-1078
1997	WEB-PHP read_body.php access attempt	bugtraq,6302 ; cve,2002-1341
1112	WEB-MISC http directory traversal	arachnids,298
1142	WEB-MISC /.... access	snort,1142
1156	WEB-MISC apache directory disclosure attempt	bugtraq,2503
1201	ATTACK-RESPONSES 403 Forbidden	snort,1201
1214	WEB-MISC intranet access	nessus,11626
1256	WEB-IIS CodeRed v2 root.exe access	url,www.cert.org/advisories/CA-2001-19.html
1497	WEB-MISC cross site scripting attempt	snort,1497
1852	WEB-MISC robots.txt access	nessus,10302
2229	WEB-PHP viewtopic.php access	bugtraq,7979 ; cve,2003-0486 ; nessus,11767
2436	WEB-CLIENT Microsoft wmf metafile access	bugtraq,10120 ; bugtraq,9707 ; cve,2003-0906
2566	WEB-PHP PHPBB viewforum.php access	bugtraq,9865 ; bugtraq,9866 ; nessus,12093
5715	WEB-MISC malformed ipv6 uri overflow attempt	bugtraq,11187 ; cve,2004-0786
8734	WEB-PHP Pajax arbitrary command execution attempt	bugtraq,17519 ; cve,2006-1551 ; cve,2006-1789

TABLE 8.6 – *Alertes de la Figure 8.3*

Une question importante dans l'analyse de notre approche est le choix de la taille de la fenêtre. Cette taille correspond au temps maximal nécessaire à un scénario pour son exécution. Dans la première expérimentation (sur les

	Severe attacks	PCC
1	WEB-FRONTPAGE .... request	95, 79%
2	WEB-IIS asp-dot attempt	83, 59%
3	WEB-IIS cmd.exe access	99, 97%
4	WEB-CLIENT Microsoft wmf metafile access	97, 28%
5	WEB-MISC malformed ipv6 uri overflow attempt	84, 25%
6	WEB-PHP Pajax arbitrary command execution attempt	90, 87%

TABLE 8.7 – *PCC des attaques surveillées*

données DARPA'2000), cette information était disponible. Dans le cas où cette taille n'est pas disponible, il faut la déterminer expérimentalement en utilisant la base d'apprentissage. Il faut choisir la taille qui maximise le taux des classifications correctes.

Dans la Figure 8.4, nous évaluons les six actions sévères en utilisant plusieurs tailles de fenêtre d'apprentissage (1 seconde, 1 minute, 5 minutes, 15 minutes, 1 heure, etc.) et nous constatons que le PCC atteint son meilleur taux à partir d'une taille de fenêtre donnée pour chaque attaque sévère. Par exemple, pour bien détecter l'attaque « 997 », la taille doit être supérieur à 5 minutes, et pour l'attaque « 2436 », la taille doit être supérieure à 15 minutes. D'une façon générale, plus la taille est grande, plus le taux de détection est meilleur. Si on se limite à l'analyse de ces 6 attaques, il faut prendre une taille de la fenêtre égale à 15 minutes.

Pour le temps nécessaire à l'apprentissage des réseaux Bayésiens, la Figure 8.5 montre l'impact de la taille de la fenêtre de temps sur ce dernier. Comme attendu, le temps de traitement diminue lorsque la taille de la fenêtre grandit. Cependant, il existe peu de différence entre les temps d'exécution pour les fenêtres de tailles supérieurs à 1000 secondes (16.66 minutes).

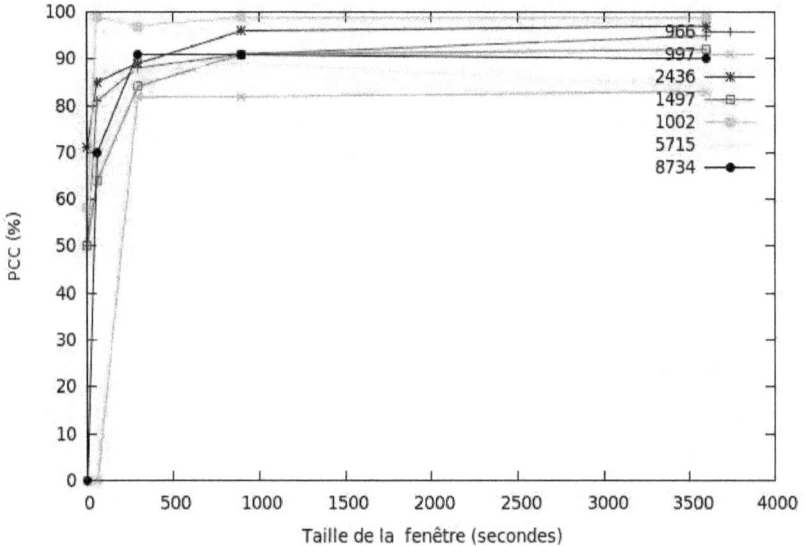

FIGURE 8.4 – *Choix de la taille de la fenêtre d'apprentissage*

Évaluation globale

Dans la section précédente, nous avons évalué les six réseaux Bayésiens indépendamment les uns des autres. Dans cette section, nous nous intéressons à une évaluation globale de notre système.

Le Tableau 8.8 montre l'évaluation de notre approche en utilisant les différentes métriques définies dans le chapitre 6. Dans cette évaluation globale, la mesure de la moyenne a donné $93, 44\%$ de classification correcte. Un appariement exacte entre les six attaques sévères a donné un pourcentage de classification correcte de $85, 96\%$, qui est inférieur à la moyenne des PCCs. La métrique de l'appariement restreint a donné un pourcentage de classification supérieur à l'appariement exacte, qui est égale à $88, 04\%$. Enfin, la métrique de disjonction entre les classes a donné un pourcentage de classification égale à $90, 11\%$.

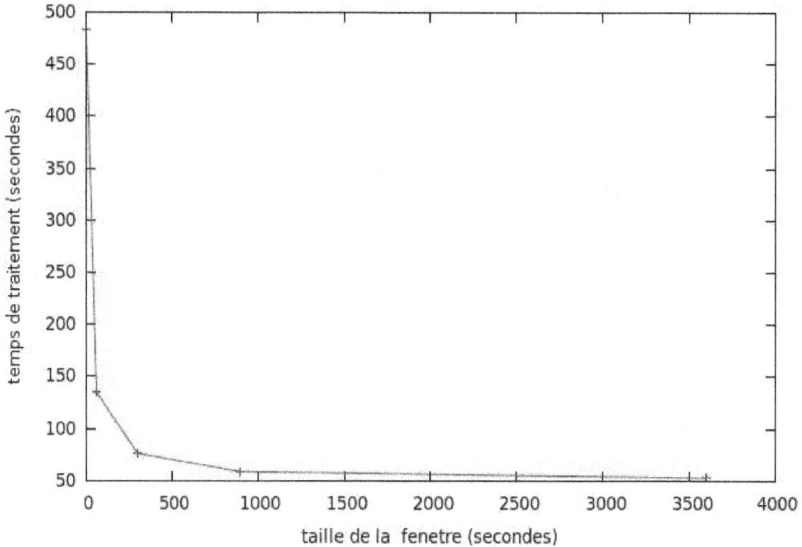

FIGURE 8.5 – *Durée d'apprentissage en fonction de la taille de la fenêtre de temps*

Comme il est attendu, PCC_2 est le plus sévère puisqu'il nécessite une concordance exacte. Les résultats sont très satisfaisants ; par exemple avec PCC_4, plus de 90% des fenêtres testées sont correctement classées. Ces résultats confirment que la plupart des attaques sévères ont pu être prédites à partir des observations des alertes de faible sévérité. Ces résultats montrent que notre approche permet de surveiller et prédire les événements anormaux.

Conclusion

Dans ce chapitre, nous avons présenté deux études de cas. Dans la première étude nous avons utilisé les données de test DARPA'2000. L'objectif était de montrer la simplicité et l'efficacité de notre approche dans la détec-

PCC_1	$93,44\%$
PCC_2	$85,96\%$
PCC_3	$88,04\%$
PCC_4	$90,11\%$

TABLE 8.8 – *Évaluation globale de la détection des attaques sévères*

tion des attaques coordonnées, en la comparant à une méthode très connue dans la littérature, telle que la méthode des pré-conditions et post-conditions. Nous avons montré que sans utiliser beaucoup de connaissances d'expert, notre approche est capable de détecter les scénarios d'attaque.

Dans la deuxième étude de cas, nous avons utilisé des données réelles collectées dans un réseau académique. L'objectif de cette étude était d'évaluer notre approche dans un environnement réel. Pour cela, nous avons choisi comme objectif d'intrusion les attaques sévères et nous avons montré que notre approche est efficace dans la détection des attaques sévères, à condition qu'elles soient bien représentées dans l'historique des observations.

Chapitre 9

Conclusion générale

Conclusion

Dans ce livre, nous nous sommes intéressés au problème de la corrélation d'alertes en détection d'intrusions. Plus particulièrement, nous avons traité les problèmes de la détection des attaques coordonnées, la réduction de volume d'alertes et la prise en compte des informations contextuelles en corrélation d'alertes. Nous avons proposé un mécanisme qui permet de prévoir les objectifs d'intrusion en apprenant les scénarios d'attaque à partir de l'historique de la détection d'intrusions en utilisant les classifieurs Bayésiens naïfs. Après une étape de préparation des observations et une étape de construction des classifieurs, pendant l'étape de prédiction, chaque attaque observée fournit une évidence qui met à jour les réseaux Bayésiens naïfs. Selon le degré d'influence de cette attaque, la probabilité de chaque objectif d'intrusion change positivement ou négativement. Suivant un seuil fixé par l'opérateur de sécurité, notre approche signale l'éventuelle atteinte ou non de l'un des objectifs d'intrusion surveillés. Cette modélisation a pour avantage de rendre la prédiction des scénarios d'attaque plus facile grâce à la simplicité et l'efficacité des réseaux Bayésiens naïfs. Elle tire profit des données disponibles et n'implique qu'une légère contribution des connaissances d'experts pour déterminer les objectifs d'intrusion. Contrairement aux approches existantes, les scénarios d'attaque ne sont pas explicitement fournis par des experts, mais ils sont calculés automatiquement à partir des données d'observations.

Notre deuxième contribution est une représentation formelle basée sur la logique de description des informations contextuelles en détection d'intrusions, telles que les alertes générées par les SDIs, les informations sur la topologie et la cartographie du système surveillé, et les information sur les attaques et vulnérabilités. Cette représentation en logique de description permet aux outils de sécurité de décrire leurs observations et de raisonner sur leurs complémentarités. Nous avons montré comment cette représentation formelle peut collaborer avec notre modélisation Bayésienne pour la détection des attaques coordonnées. Particulièrement, cette représentation en logique de description peut être utilisée pour construire une base de connaissances contenant toutes les informations collectées, et qui sera à son tour interrogée pour la sélection des objectifs d'intrusion, ou encore pour vérifier la plausibilité des actions observées.

Notre troisième contribution concerne à la fois la détection d'intrusions et les réseaux Bayésiens, car elle est proposée dans le cadre de la détection d'intrusions mais elle peut être utilisée dans tout domaine utilisant les classifieurs Bayésiens naïfs. Nous avons proposé un ensemble de mesures qui permettent de donner une évaluation globale lorsque plusieurs classifieurs Bayésien naïfs sont utilisés simultanément dans le même système. En effet les mesures traditionnelles, tel que le pourcentage de classification correcte (PCC), sont utilisées pour évaluer un seul classifieur. Pour cela, dans le cas de l'utilisation de plusieurs classifieurs Bayésiens naïfs, nous avons proposé plusieurs façons de construire la matrice de confusion. Nous avons proposé un calcul de la matrice de confusion globale à base de la moyenne, d'un appariement exacte, d'un appariement restreint, ou encore un calcul avec disjonction entre les classes. Par exemple, dans la dernière interprétation, qui nous semble intéressante pour la détection d'intrusions, dès qu'un des classifieurs détecte réellement une attaque, tout le système est considéré comme une classification correcte, car lorsque l'opérateur de sécurité intervient pour analyser le groupe des alertes concernées par la classification, au moins un objectif d'intrusion, risque réellement d'être atteint.

Enfin, nous avons illustré toutes ces contributions par deux études de cas. Dans la première étude de cas, nous avons montré l'efficacité et la simplicité de notre approche Bayésienne dans la détection des attaques coordonnées, et ce en la comparant à l'approche par pré-condition et post-condition. Cette étude de cas est réalisée sur les données de test DARPA'2000. Dans la deuxième étude de cas, nous avons appliqué notre approche pour la détection des attaques sévères dans le but de réduire le volume d'alertes à traiter. Notre but est de présenter à l'opérateur de sécurité les attaques sévères prédites par notre approche Bayésienne et uniquement un sous-ensemble des alertes ayant contribué dans leurs exécution. Cette deuxième étude de cas est réalisée sur des données réelles collectées dans un campus universitaire.

Enfin, il convient de noter que notre approche Bayésienne est simple et efficace. Cependant, elle nécessite que les objectifs d'intrusion soient bien représentés dans les données d'observations. En effet, les objectifs d'intrusion rares sont difficiles à détecter. Un autre point important à signaler est que la taille des fenêtres utilisées dans la phase de pré-traitement doivent être supérieures au temps nécessaire à l'atteinte de l'objectif d'intrusion en question, et ce pour avoir un bon formatage des données d'observations.

Perspectives

En perspectives, les travaux présentés dans ce livre ouvrent plusieurs pistes de recherche que nous tenons à explorer dans ce qui suit. La première perspective concerne la modélisation par les classifieurs Bayésiens naïfs. Nous envisageons d'utiliser les classifieurs Bayésiens naïfs augmentés en arbre et en forêt afin de permettre de prendre en considération les dépendances qui peuvent exister entre les attaques élémentaires contribuant dans la réalisation d'un objectif d'intrusion. Ceci est très important pour la détection des objectifs d'intrusion rares car, comme nous l'avons déjà signalé dans le chapitre 3, les classes rares ne peuvent pas être détectées par l'observation d'un seul attribut. Souvent, les classes rares se manifestent avec une combinaison bien précise des attributs. De ce fait, l'augmentation des classifieurs Bayésiens naïfs, qui vraisemblablement n'améliore pas significativement leurs performances qui sont déjà très satisfaisantes, est très importante pour améliorer le taux de détection des objectifs d'intrusion rares qui sont par fois de grande importance pour les opérateurs de sécurité.

Une autre perspective consiste à prendre en considération l'incertitude des observations fournies par les SDIs en utilisant la révision de croyances par la règle de Jeffrey [Pea90]. Ceci nécessite une évaluation individuelle des SDIs pour avoir le taux de faux positif et négatif pour chaque attaque modélisée dans le classifieur. Ces taux seront après utilisés pour augmenter le classifieur Bayésien et ainsi prendre en considération la possibilité de faux positif et négatif de chaque nouvelle observation.

Dans le chapitre 5, nous avons proposé une représentation formelle des informations contextuelles en détection d'intrusions codées en DLs, et nous avons montré comment cette représentation peut améliorer notre approche Bayésienne de corrélation d'alertes. Une autre perspective consiste à expérimenter ces propositions par la mise en place d'un système de détection d'intrusions coopérative qui utilise la représentation proposée et centralise les informations dans une base de connaissances programmée par un raisonneur DLs tels que Fact++ [1], CEL [2], KAON [3], etc. Concernant les outils participant dans cette coopération, nous devons programmer un module qui permet de convertir le format d'alerte utilisé par l'outil vers notre représentation en DLs. Dans un future proche, nous envisageons de programmer des module de conversion pour Snort, Nessus [4] et Nmap.

Une autre perspective concerne les mesures d'évaluation proposées dans le chapitre 6. Nous envisageons de proposer d'autres mesures plus adéquates et d'étudier la possibilité d'appliquer ces mesures pour d'autres classifieurs tels que les arbres de décision, les SVM, les réseaux de neurones, etc. Dans le même contexte, nous envisageons de faire une étude comparative entre ces

---

1. http://owl.man.ac.uk/factplusplus/factplusplus.html
2. http://lat.inf.tu-dresden.de/systems/cel/
3. http://kaon.semanticweb.org/
4. Nessus est un scanneur de vulnérabilités, http://www.nessus.org/

classifieurs et voir la possibilité d'une éventuelle complémentarité.

Une dernière perspective consiste à aller au delà de la structure naïve des classifieurs Bayésiens naïfs et essayer de proposer des algorithmes qui permettent d'apprendre la structure exacte d'un scénario d'attaque et de déterminer les liens de causalité au lieu d'avoir uniquement des liens d'indépendance. Ceci est très important si on veut aller plus loin dans la détection et agir contre un scénario avant sa réalisation.

Bibliographie

[ABS08]   G. Abdoulkarim, J. Bourgeoisa, and F. Spiesa. A global se-
             curity architecture for intrusion detection on computer net-
             works. *Computer & Security*, 27 :30–47, 2008.

[ACF⁺00]   J. Allen, A. Christie, W. Fithen, J. McHugh, J. Pickel, and
             E. Stoner. State of the practice of intrusion detection tech-
             nologies. Technical report, Carnegie Mellon Software En-
             gineering Institute, January 2000.

[ADD00]   M. Almgren, H. Debar, and M. Dacier. A lightweight tool
             for detecting web server attacks. In *Symposium on Network
             and Distributed System Security*, pages 157–170, 2000.

[AGM⁺03]   N. S. Abouzakhar, A. Gani, G. Manson, M. Abuitbel, and
             D. King. Bayesian learning networks approach to cyber-
             crime detection. In *the 2003 PostGraduate Networking
             Conference*, 2003.

[Amo99]   E. Amoroso. *Intrusion Detection : An Introduction to Inter-
             net Surveillance, Correlation, Trace Back, Traps, and Res-
             ponse*. Intrusion.Net Books, Sparta, New Jersey, 1999.

[AMZ09]   S.O. Al-Mamory and H. Zhang. Intrusion detection alarms
             reduction using root cause analysis and clustering. *Compu-
             ter Communications*, 32 :419–430, 2009.

[And80]   J. P. Anderson. Computer security threat monitoring and
             surveillance. Technical Report Contract 79F26400, James
             P. Anderson Co., Box 42, Fort Washington, PA, 19034,
             USA, 1980.

[Axe04]   S. Axelsson. Combining a bayesian classifier with visua-
             lisation : Understanding the ids. In *the 2004 ACM work-
             shop on Visualization and data mining for computer secu-
             rity*, pages 99–108, 2004.

[BAC03]   S. Benferhat, F. Autrel, and F. Cuppens. Enhanced correla-
             tion in an intrusion detection process. In *Second Internatio-
             nal Workshop on Mathematical Methods, Models, and Ar-
             chitectures for Computer Network Security MMM-ACNS*,
             pages 157–170, 2003.

[BCM$^+$03] F. Baader, D. Calvanese, D.L. McGuinness, D. Nardi, and
             P.F. Patel-Schneider. *The Description Logic Handbook :
             Theory, Implementation, and Applications.* Cambridge
             University Press, 2003.

[BK10]   S. Benferhat and T. Kenaza. Vers une évaluation globale
             des classifieurs bayésiens pour la détection d'intrusions. In
             *4èmes Journées Francophones sur les Réseaux Bayésiens
             (JFRB10)*, 2010.

[BKL09]   S. Benferhat, T. Kenaza, and Ph. Leray. Data mining and
             detecting complex attacks. In *Salford Data Mining Confe-
             rence*, 2009.

[BKM08a]   S. Benferhat, T. Kenaza, and A. Mokhtari. False alert filte-
             ring and detection of high severe alerts using naive bayes.
             In *Computer Security Conference (CSC'08)*, 2008.

[BKM08b]   S. Benferhat, T. Kenaza, and A. Mokhtari. A naive bayes approach for detecting coordinated attacks. In *32rd IEEE International Workshop on Security, Trust, and Privacy for Software Applications (STPSA'08)*, pages 704–709, 2008.

[BM00]   R. Bace and P. Mell. Intrusion detection systems. Technical report, National Institute of Standards and Technology, Special Publication 800-31, USA, 2000.

[BWC02]   D. J. Burroughs, L. F. Wilson, and G. V. Cybenko. Analysis of distributed intrusion detection systems using bayesian methods. In *21th IEEE International Conference on Performance, Computing, and Communications*, pages 329–334, 2002.

[Car09]   J.F. Carpentier. *La sécurité informatique dans la petite entreprise - Etat de l'art et Bonnes Pratiques*. Editions ENI, 2009.

[CDLS99]   R.G. Cowell, P. Dawid, S.L. Lauritzen, and D.J. Spiegelhalter. *Probabilistic Networks and Expert Systems*. Information Science and Statistics, Springer, 1999.

[CL68]   C. K. Chow and C. N. Liu. Approximating discrete probability distributions with dependence trees. *IEEE Trans. on Info. Theory*, 14 :462–467, 1968.

[CM02]   F. Cuppens and A. Miège. Alert correlation in a cooperative intrusion detection framework. In *IEEE Symposium on Security and Privacy*, pages 202–215, 2002.

[CR00]   F. Cuppens and O. Rodolphe. Lambda : A language to model a database for detection of attacks. In *RAID'00 : Proceedings of the Third International Workshop on Recent*

Advances in Intrusion Detection, pages 197–216, London, UK, 2000. Springer-Verlag.

[Cup01a]   F. Cuppens. Cooperative intrusion detection. In *International Sysmposium on Information superiority : tools for crisis and conflict-management*, 2001.

[Cup01b]   F. Cuppens. Managing alerts in a multi-intrusion detection environment. In *ACSAC'01 : Proceedings of the 17th Annual Computer Security Applications Conference*, pages 22–31, 2001.

[Dar09]   A. Darwiche. *Modeling and Reasoning with Bayesian Networks*. Cambridge University Press, New York, USA, 2009.

[DC01]   O. Dain and R. K. Cunningham. Fusing a heterogeneous alert stream into scenario. In *ACM Workshop on Data Mining for Security Application*, pages 1–13, 2001.

[DCF07]   H. Debar, D. Curry, and B. Feinstein. Rfc-4765 : Intrusion detection message exchange format (idmef). Technical report, The Internet Engineering Task Force, Network Working Group, California, USA, 2007.

[DDW⁺98]   H. Debar, M. Dacier, A. Wespi, , and S. Lampart. A workbench for intrusion detection systems. Technical report, IBM Research Report RZ 2998, March 1998.

[DDW99]   H. Debar, M. Dacier, and A. Wespi. Towards a taxonomy of intrusion detection systems. *Computer Networks, Elseiver*, pages 805–822, 1999.

[Den87]   D. E. Denning. An intrusion-detection model. *IEEE Trans. Softw. Eng.*, 13(2) :222–232, 1987.

[DIE]   DARPA-IDS-EVAL. *DARPA Intrusion Detection Eva-
             luation.* http ://www.ll.mit.edu/mission/communications/
             ist/CST/index.html, July 2010.

[DMC+04]   H. Debar, B. Morin, F. Cuppens, F. Autrel, L. Mé, B. Vi-
             vinis, S. Benferhat, M. Ducassé, and R. Ortalo. Détection
             d'intrusions : corrélation d'alertes. *RSTI-TSI. Sécurité in-
             formatique*, 23 :359–390, 2004.

[DW01]   H. Debar and A. Wespi. Aggregation and correlation of
             intrusion-detection alerts. In *Recent Advances in Intrusion
             Detection*, pages 85–103, 2001.

[EBC+06]   F. Ebel, S. Baudru, R. Crocfer, D. Puche, J. Hennecart,
             S. Lasson, and M. Agé. *Sécurité informatique - Ethical Ha-
             cking - Apprendre l'attaque pour mieux se défendre.* Edi-
             tions ENI, 2006.

[FA10]   A. Frank and A. Asuncion. UCI machine learning reposi-
             tory, 2010.

[Faw06]   T. Fawcett. An introduction to roc analysis. *Pattern Re-
             cogn. Lett.*, 27(8) :861–874, 2006.

[FG96]   N. Friedman and M. Goldszmidt. Building classifiers using
             bayesian networks. In *13th National Conference on Artifi-
             cial Intelligence AAAI'96*, pages 1277 – 1284, 1996.

[FGG+97]   N. Friedman, D. Geiger, M. Goldszmidt, G. Provan, P. Lan-
             gley, and P. Smyth. Bayesian network classifiers. In *Ma-
             chine Learning*, pages 131–163, 1997.

[FL06]   O. François and Ph. Leray. Étude comparative d'algo-
             rithmes d'apprentissage de structure dans les réseaux bayé-
             siens. *Journal électronique d'intelligence artificielle*, pages
             5–39, 2006.

[FMZ09]   M. Matteucci F. Maggi and S. Zanero. Reducing false posi-
            tives in anomaly detectors through fuzzy alert aggregation.
            Information Fusion, 10 :300–311, 2009.

[FW08]   M. Frigault and L. Wang. Measuring network security
            using bayesian network-based attack graph. In *32rd IEEE
            International Workshop on Security, Trust, and Privacy for
            Software Applications (STPSA'08)*, pages 698–703, 2008.

[GAB+04]   J. Garcia, F. Autrel, J. Borrell, S. Castillo, F. Cuppens,
            and G. Navarro. Decentralized publish-subscribe system to
            prevent coordinated attacks via alert correlation. *Informa-
            tion and Communications Security*, 3269 :297–304, 2004.

[GFV05]   V. Gowadia, C. Farkas, and M. Valtorta. Paid : A probabi-
            listic agent-based intrusion detection system. *Computers &
            Security*, 24(7) :529–545, 2005.

[GG01]   C. W. Geib and R. P. Goldman. Plan recognition in intru-
            sion detection systems. In *DISCEX'01*, volume 1, pages
            46–55, 2001.

[GKD08a]   M. Gadelrab, A. Abou El Kalam, and Y. Deswarte. Exe-
            cution patterns in automatic malware and human-centric
            attacks. In *Proceedings of the Seventh IEEE Internatio-
            nal Symposium on Network Computing and Applications*,
            pages 29–36, Washington, DC, USA, 2008. IEEE Compu-
            ter Society.

[GKD08b]   M. Gadelrab, A. Abou El Kalam, and Y. Deswarte. Modéli-
            sation des processus d'attaques pour l'évaluation des ids. In
            *3ème Conférence sur la Sécurité des Architectures Réseaux
            et des Systèmes d'Information (SAR/SSI'2008)*, pages 197–
            210, 2008.

[GLT10] A.A. Ghorbani, W. Lu, and M. Tavallaee. *Network Intrusion Detection and Prevention Concepts and Techniques*, volume 47. ADVANCES IN INFORMATION SECURITY, Springer, 2010.

[GTDVMFV09] P. Garcıa-Teodoroa, J. Dıaz-Verdejoa, G. Macia-Fernandeza, and E. Vazquezb. Anomaly-based network intrusion detection : Techniques, systems and challenges. *computer & security*, 28 :18–28, 2009.

[GW06] F. J. Gravetter and L.B. Wallnau. *Statistics for the Behavioral Sciences*. Wadsworth Publishing, 2006.

[HDL$^+$90] L. T. Heberlein, G. V. Dias, K. N. Levitt, B. Mukherjee, J. Wood, and D. Wolber. A network security monitor. In *IEEE Symposium on Research in Security and Privacy, Oakland, CA*, pages 296–304, 1990.

[HSAMV04] A. Hätälä, C. Särs, R. Addams-Moring, and T. Virtanen. Event data exchange and intrusion alert correlation in heterogeneous networks. In *8th Colloquium for Information Systems Security Education West Point, NY*, 2004.

[IKP95] K. Ilgun, R. A. Kemmerer, and Ph. A. Porras. State transition analysis : A rule-based intrusion detection approach. *IEEE Transactions on Software Engineering*, 21 :181–199, 1995.

[ISO89] ISO-7498-2. Information processing systems - open systems interconnection - basic reference model - part 2 : Security architecture. Technical report, International Organization for Standardization, Geneva, Switzerland, 1989.

[Jen96] F.V. Jensen. *Introduction to Bayesian networks*. UCL Press, London, 1996.

[JN07]   F. V. Jensen and T.D. Nielsen. *Bayesian Networks and Decision Graphs*. Information Science and Statistics, Springer, 2007.

[Jul01]   K. Julisch. Mining alarm clusters to improve alarm handling efficiency. In *ACSAC'01 : Proceedings of the 12th Annual Computer Security Applications Conference*, pages 12–21, 2001.

[KBS97]   R. Kohavi, B. Becker, and D. Sommerfield. Improving simple bayes. In *9th European Conference on Machine Learning*, pages 78–87, Prague, Czech Republic, 1997.

[Kem98]   R. A. Kemmerer. Nstat : a model-based real-time network intrusion detection system. University of california at santabarbara. Technical report, 1998.

[KFH05]   D. Kang, D. Fuller, and V. Honavar. Learning classifiers for misuse and anomaly detection using a bag of system calls representation. In *IEEE Workshop on Information Assurance and Security*, pages 118–125, 2005.

[KG03]   R. A. Kemmerer and V. Giovanni. Internet security and intrusion detection. In *ICSE '03 : Proceedings of the 25th International Conference on Software Engineering*, pages 748–749, Washington, DC, USA, 2003. IEEE Computer Society.

[KMRV03]   C. Krügel, D. Mutz, W. K. Robertson, and F. Valeur. Bayesian event classification for intrusion detection. In *ACSAC'03 : Proceedings of the 19th Annual Computer Security Applications Conference*, pages 14–23, Washington, DC, USA, 2003.

[Koh96]   R. Kohavi. Scaling up the accuracy of naive-bayes clas-
            sifiers : a decision tree hybrid. In *the 2nd International
            Conference on Knowledge Discovery and Data Mining*,
            pages 202–207, 1996.

[Kra06]   N. Krawetz. *Introduction to Network Security*. Charles
            River Media, 2006.

[KTB10]   T. Kenaza, K. Tabia, and S. Benferhat. On the use of naive
            bayesian classifiers for detecting elementary and coordina-
            ted attacks. *Fundamenta Informaticae*, 105 :1–32, 2010.

[KTM09]   T. Kenaza, K. Tabia, and A. Mokhtari. Détection d'attaques
            élémentaires et coordonnées à base de réseaux bayésiens
            naïfs. *Revue Information - Interaction - Intelligence (I3)*,
            9(1), 2009.

[KVV05]   C. Krugel, F. Valeur, and G. Vigna. *Intrusion Detection
            and Correlation : Challenges and Solutions (Advances in
            Information Security)*. Springer, 2005.

[LHF⁺00]   R. Lippmann, J. W. Haines, D. J. Fried, J. Korba, and
            K. Das. The 1999 darpa off-line intrusion detection eva-
            luation. *Computer Networks*, 34(4) :579–595, 2000.

[Li01]   S. Z. Li. *Markov Random Field Modeling in Image Analy-
            sis*. Springer, 2001.

[LIT92]   P. Langley, W. Iba, and K. Thompson. An analysis of baye-
            sian classifiers. In *10. th. National Conference on Artificial
            Intelligence AAAI'92*, pages 223–228, San Jose, CA, 1992.
            AAAI Press.

[LLS07]   J. Li, D. Lim, and K. Sollins. Dependency-based distribu-
            ted intrusion detection. In *DETER community workshop on*

cyber security experimentation and test, CA, USA, 2007. : USENIX Association Berkeley.

[LS88]   S. Lauritzen and D. Spiegelhalter. Local computations with probabilities on graphical structures and their application to expert systems. *Journal of the Royal Statistical Society*, 50(2) :157–224, 1988.

[mBE04]   N. Ben Amor, S. Benferhat, and Z. Elouedi. Naive bayes vs decision trees in intrusion detection systems. In *SAC '04 : Proceedings of the 2004 ACM symposium on Applied computing*, pages 420–424, 2004.

[MBY08]   D. Y. MZ, Q. Bai, and Z. Ye. P2p distributed intrusion detections by using mobile agents. In *Seventh IEEE/ACIS international conference on computer and information science, 2008 (ICIS 08)*, pages 259–265, 2008.

[McC59]   J. McCarthy. Programs with common sense. In *the Teddington Conference on the Mechanization of Thought Processes*, pages 75–91, 1959.

[McC80]   J. McCarthy. Circumscription : A form of non-monotonic reasoning. *Artificial Intelligence*, 13 :23–79, 1980.

[McH00]   J. McHugh. Testing intrusion detection systems : a critique of the 1998 and 1999 darpa intrusion detection system evaluations as performed by lincoln laboratory. *ACM Trans. Inf. Syst. Secur.*, 3(4) :262–294, 2000.

[MD80]   D. McDermott and J. Doyle. Nonmonotonic logic I. *Artificial Intelligence*, 13 :41–72, 1980.

[MHL$^+$03]   P. Mell, V. Hu, R. Lippmann, J. Haines, and M. Zissman. An overview of issues in testing intrusion detection systems. Technical report, National Institute of Standards and

Technology & Massachusetts Institute of Technology Lincoln Laboratory, 2003.

[Miz97]   S. Mizzaro. Relevance, the whole history. *Journal of American Soceiety for Information Science*, 48(9) :810–832, 1997.

[MM01]   C. Michel and L. Mé. Adele : An attack description language for knowledge-based intrusion detection. In *In Proceedings of the 16th International Conference on Information Security (IFIP/SEC 2001*, pages 353–368. Kluwer, 2001.

[MMDD02]   B. Morin, L. Mé, H. Debar, and M. Ducassé. M2d2 : a formal data model for ids alert correlation. In *RAID'02 : Proceedings of the 5th international conference on Recent advances in intrusion detection*, pages 115–137, Berlin, Heidelberg, 2002. Springer-Verlag.

[MMDD09]   B. Morin, L. Mé, H. Debar, and M. Ducassé. A logic-based model to support alert correlation in intrusion detection. *Information Fusion*, 10(4) :285–299, 2009.

[Mur01]   K. Murphy. An introduction to graphical models. Technical report, May 2001.

[NCR02]   P. Ning, Y. Cui, and D. S. Reeves. Analyzing intensive intrusion alerts via correlation. In *Recent Advances in Intrusion Detection*, pages 74–94, 2002.

[NWL+07]   P. Naïm, P.H. Wuillemin, Ph. Leray, O. Pourret, and A. Becker. *Réseaux bayésiens*. 3 edition, 2007.

[NXHA04]   P. Ning, D. Xu, C. G. Healey, and R. St. Amant. Building attack scenarios through integration of complementary alert correlation methods. In *Symposium on Network and Distributed System Security (NDSS'04)*, pages 97–111, 2004.

[PCO⁺97]   N. Puketza, Y. Chung, R.A. Olsson, B. Mukherjee, and C. Ronald. A software platform for testing intrusion detection systems. *IEEE Software*, 14 :43–51, 1997.

[Pea86]   J. Pearl. Fusion, propagation, and structuring in belief networks. *Journal of Artificial Intelligence*, 29 :241–288, 1986.

[Pea88]   J. Pearl. *Probabilistic reasoning in intelligent systems : networks of plausible inference*. Morgan Kaufmann Publishers Inc., San Francisco, CA, USA, 1988.

[Pea90]   J. Pearl. Jeffrey's rule, passage of experience, and neo-bayesianism, in : H. kyburg, et al. (eds.). *Knowledge Representation and Defeasible Reasoning*, pages 245–265, 1990.

[Pea00]   J. Pearl. *Causality : Models, Reasoning, and Inference*. Cambridge University Press, New York, 2000.

[PMm03]   R. Puttini, Z. Marrakchi, and L. Mé. A bayesian classification model for real-time intrusion detection. In *22nd International Workshop on Bayesian Inference and Maximum Entropy Methods in Science and Engineering*, pages 150–162, 2003.

[PT05]   T. Pietraszek and A. Tanner. Data mining and machine learning-towards reducing false positives in intrusion detection. *Inf. Secur. Tech. Rep.*, 10(3) :169–183, 2005.

[PV98]   Ph. A. Porras and A. Valdes. Live traffic analysis of tcp/ip gateways. Symposium on Network and Distributed System Security (NDSS'98). (San Diego, CA, March 98), Internet Society, 1998.

[QL03]   X. Qin and W. Lee. Statistical causality analysis of infosec alert data. In *international conference on Recent advances in intrusion detection*, pages 73–93, 2003.

[QL04]   X. Qin and W. Lee. Attack plan recognition and prediction using causal networks. In *ACSAC : Proceedings of the 20th Annual Computer Security Applications Conference*, pages 370–379, 2004.

[Rei80]   R. Reiter. A logic for default reasoning. *Artificial Intelligence*, 13 :81–132, 1980.

[RN95]   S. Russell and P. Norvig. *Artificial Intelligence : A Modern Approach*. Prentice Hall, EnglewoodCliffs, NJ, 95.

[Rob77]   R. W. Robinson. Counting unlabeled acyclic digraphs. *C. H. C. Little, Ed., Combinatorial Mathematics V. Lecture Notes in Mathematics, Berlin : Springer*, 622 :28–43, 1977.

[Sco04]   L. S. Scott. A bayesian paradigm for designing intrusion detection systems. *Computational Statistics & Data Analysis*, 45(1) :69–83, 2004.

[SCTP+98]   S. Staniford-Chen, B. Tung, Ph. A. Porras, C. Kahn, D. Schnackenberg, R. Feiertag, and M. Stillman. The common intrusion detection framework-data formats, internet draft. Technical report, March 1998.

[SGS98]   P. Spirtes, C. Glymour, and R. Scheines. *Causation, Prediction, and Search, 2nd Edition*. MIT Press, 1998.

[Shi00a]   B. Shipley. *Cause and Correlation in Biology : A User's Guide to Path Analysis, Structural Equations and Causal Inference*. Cambridge University Press, 2000.

[Shi00b]   R. Shirey. Rfc-2828 : Internet security glossary. Techni-
              cal report, The Internet Engineering Task Force, Network
              Working Group, California, USA, 2000.

[SK00]   J. T. Steven and L. Karm. A requires/provides model for
              computer attacks. In *New Security Paradigms Workshop*,
              pages 31–38, 2000.

[SM07]   K. Scarfone and P. Mell. Guide to intrusion detection and
              prevention systems (idps). Technical report, National Insti-
              tute of Standards and Technology, Special Publication 800-
              94, USA, 2007.

[SP92]   R. D. Shachter and M. A. Peot. Decision making using
              probabilistic inference methods. In *Uncertainty in Artificial
              Intelligence*, pages 276–283, 1992.

[SSS91]   M. Schmidt-Schauß and G. Smolka. Attributive concept
              descriptions with complements. *Artif. Intell.*, 48(1) :1–26,
              1991.

[TBK+06]   B. Terry, B. Braden, D. Kim, C. Neuman, A. Joseph, K. Sk-
              lower, R. Ostrenga, and S. Schwab. Experience with de-
              ter : A testbed for security research. In *Second IEEE
              Conference on testbeds and Research Infrastructures for
              the Development of Networks and Communities (Trident-
              Com2006)*, pages 97–111, 2006.

[TDMD04]   E. Tombini, H. Debar, L. Me, and M. Ducasse. A serial
              combination of anomaly and misuse idses applied to http
              traffic. In *ACSAC '04 : Proceedings of the 20th Annual
              Computer Security Applications Conference (ACSAC'04)*,
              pages 428–437, Washington, DC, USA, 2004. IEEE Com-
              puter Society.

[TFPC09]   G. C. Tjhai, S. M. Furnell, M. Papadaki, and N. L. Clarke.
             A preliminary two-stage alarm correlation and filtering sys-
             tem using som neural network and k-means algorithm.
             computer and security, 29 :712–723, 2009.

[TH06]   D. Tsarkov and I. Horrocks. FaCT++ description logic rea-
             soner : System description. In *Proc. of the Int. Joint Conf.
             on Automated Reasoning (IJCAR 2006)*, volume 4130 of
             Lecture Notes in Artificial Intelligence, pages 292–297.
             Springer, 2006.

[VDM+09]   J. Viinikka, H. Debar, L. Mé, A. Lehikoinen, and M. Tar-
             vainen. Processing intrusion detection alert aggregates with
             time series modeling. *Information Fusion*, 10 :312–324,
             2009.

[Ven99]   W. Venema. Tcp wrapper : Network monitoring, access
             control, and booby traps. In *the 3rd UNIX Security Sympo-
             sium*, pages 85–92, 1999.

[VGU05]   V. Samoilov V. Gorodetsky, O. Karsaev and A. Ulanov.
             Asynchronous alert correlation in multi-agent intrusion de-
             tection systems. *Computer Network Security*, 3685 :366–
             379, 2005.

[VS00]   A. Valdes and K. Skinner. An approach to sensor correla-
             tion. In *RAID'00 : Proceedings of the Third International
             Workshop on Recent Advances in Intrusion Detection, Tou-
             louse, France*, 2000.

[VS01]   A. Valdes and K. Skinner. Probabilistic alert correlation.
             In *Recent Advances in Intrusion Detection*, pages 54–68,
             2001.

[VVKK04]   F. Valeur, G. Vigna, C. Kruegel, and R. A. Kemmerer. A
            comprehensive approach to intrusion detection alert corre-
            lation. *IEEE Transactions on Dependable and Secure Com-
            puting*, 1 :146–169, 2004.

[WB10]   S. X. Wu and W. Banzhaf. The use of computational intel-
            ligence in intrusion detection systems : A review. *Applied
            Soft Computing*, 10 :1–35, 2010.

[Win92]   P. Winston. *Artificial Intelligence*. Addison Wesley, 1992.

[Win02]   G. Winkler. *Image Analysis, Random Fields and Markov
            Chain Monte Carlo Methods : A Mathematical Introduc-
            tion*. Springer, 2002.

[WLJ06]   L. Wang, A. Liu, and S. Jajodia. Using graph for correla-
            ting, hypothesizing, and predicting intrusion alerts. *Journal
            of Computer Communication*, 29 :2917–2933, 2006.

[YBK10a]   S. Yahi, S. Benferhat, and T. Kenaza. Conflicts handling
            in cooperative intrusion detection : A description logic ap-
            proach. In *22th International Conference on Tools with Ar-
            tificial Intelligence (2)*, pages 360–362, 2010.

[YBK10b]   S. Yahi, S. Benferhat, and T. Kenaza. From using descrip-
            tion logics to handling inconsistency in cooperative intru-
            sion detection. In *International Conference on Machine
            and Web Intelligence - (ICMWI'2010)*, 2010.

[ZCB07]   J. Zhou, A. Carlson, and M. Bishop. Modeling network in-
            trusion detection alerts for correlation. *ACM Transactions
            on Information and System Security*, 10(1) :1–31, 2007.

[ZG06]   B. Zhu and A. A. Ghorbani. Alert correlation for extrac-
            ting attack strategies. *I. J. Network Security*, 3(3) :244–258,
            2006.

[ZLK10]   C. V. Zhou, C. Leckie, and S. Karunasekera. A survey of coordinated and collaborative intrusion detection. *Computer & Security*, 29 :124–140, 2010.

Annexe : Liste des attaques détectées dans les données de test PLACID

Nom de l'attaque	Nombre d'occurrences
(ftp_telnet) FTP command parameters were malformed	5293
(ftp_telnet) FTP command parameters were too long	198
(ftp_telnet) FTP traffic encrypted	136
(ftp_telnet) Invalid FTP Command	1
(ftp_telnet) Telnet traffic encrypted	15
(http_inspect) BARE BYTE UNICODE ENCODING	81708
(http_inspect) DOUBLE DECODING ATTACK	8933
(http_inspect) IIS UNICODE CODEPOINT ENCODING	8398
(http_inspect) OVERSIZE CHUNK ENCODING	337
(http_inspect) OVERSIZE REQUEST-URI DIRECTORY	31778
(http_inspect) U ENCODING	852
(http_inspect) WEBROOT DIRECTORY TRAVERSAL	115
(portscan) TCP Portscan	6428
(portscan) TCP Portsweep	3157
(portscan) UDP Portscan	51
(portscan) UDP Portsweep	43
(smtp) Attempted specific command buffer overflow : MAIL FROM :, 448 chars	1
(snort_decoder) : Bad Traffic Loopback IP	159
(snort_decoder) : Experimental Tcp Options found	40
(snort_decoder) : Short UDP packet, length field > payload length	1
(snort_decoder) : Tcp Options found with bad lengths	46
(snort_decoder) : Truncated Tcp Options	22
Admin login successful	6
ATTACK-RESPONSES 403 Forbidden	4253
ATTACK-RESPONSES Invalid URL	22
BAD-TRAFFIC udp port 0 traffic	9
DNS named version attempt	15
EXPLOIT CDE dtspcd exploit attempt	2
EXPLOIT kerberos principal name overflow TCP	6
FTP DELE overflow attempt	1
FTP MDTM overflow attempt	2
FTP SITE overflow attempt	232
ICMP Destination Unreachable Communication with Destination Host is Administratively Prohibited	499
ICMP L3retriever Ping	14369
ICMP PING NMAP	848
IMAP PCT Client_Hello overflow attempt	1
Logfile deletion	10
MISC rsyncd overflow attempt	42609

Nom d'attaques	Nombre d'occurrences
MISC source port 53 to <1024	35
MS-SQL probe response overflow attempt	5
NETBIOS SMB IPC$unicode share access	2179
NETBIOS SMB-DS IPC$unicode share access	30819
NETBIOS SMB-DS repeated logon failure	2756
NETBIOS SMB-DS Trans2 FIND_FIRST2 response overflow attempt	2
POP3 PCT Client_Hello overflow attempt	8
POP3 SSLv2 openssl get shared ciphers overflow attempt	25
POP3 SSLv3 invalid Client_Hello attempt	332
Promiscuous mode detected	16
RPC portmap status request UDP	141
RPC portmap UNSET attempt UDP 111	17
SMTP Content-Transfer-Encoding overflow attempt	62
SMTP Content-Type overflow attempt	3
SMTP MAIL FROM overflow attempt	374
SMTP MAIL overflow attempt	10
SMTP PCT Client_Hello overflow attempt	243
SMTP SEND overflow attempt	3
SMTP SSLv2 openssl get shared ciphers overflow attempt	98
SMTP x-unix-mode executable mail attachment	38
SNMP AgentX/tcp request	5
SNMP missing community string attempt	58
SNMP public access udp	8535
SNMP request tcp	8
SNMP request udp	16806
SNMP trap tcp	5
SNMP trap udp	6
SPYWARE-PUT Adware cashbar runtime detection - stats track 1	19
SPYWARE-PUT Adware download accelerator plus runtime detection - download files	9
SPYWARE-PUT Adware download accelerator plus runtime detection - get ads	29
SPYWARE-PUT Adware download accelerator plus runtime detection - startup	35
SPYWARE-PUT Adware hotbar runtime detection - hotbar user-agent	333
SPYWARE-PUT Hijacker marketscore runtime detection	6
SPYWARE-PUT Trackware alexa runtime detection	1
SPYWARE-PUT Trackware funwebproducts mywebsearchtoolbar-funtools runtime detection	16

Nom d'attaques	Nombre d'occurrences
SPYWARE-PUT Trackware relevantknowledge runtime detection	5
User authentication successful	2696
User login successful	7
VIRUS OUTBOUND bad file attachment	5729
WEB-CGI adcycle access	1
WEB-CGI archie access	2
WEB-CGI awstats access	3
WEB-CGI calendar access	4506
WEB-CGI cart.cgi access	29
WEB-CGI classifieds.cgi access	7
WEB-CGI count.cgi access	1392
WEB-CGI download.cgi access	58
WEB-CGI enter_bug.cgi access	6
WEB-CGI finger access	115
WEB-CGI formmail access	2
WEB-CGI getdoc.cgi access	1
WEB-CGI htsearch access	24
WEB-CGI newdesk access	3
WEB-CGI phf access	39
WEB-CGI process_bug.cgi access	2
WEB-CGI redirect access	3101
WEB-CGI register.cgi access	5
WEB-CGI search.cgi access	148
WEB-CGI swc access	56
WEB-CGI upload.cgi access	9
WEB-CGI upload.pl access	2
WEB-CGI view-source access	1
WEB-CGI wrap access	225
WEB-CGI yabb access	160
WEB-CLIENT Content-Disposition CLSID command attempt	1
WEB-CLIENT Microsoft emf metafile access	318
WEB-CLIENT Microsoft wmf metafile access	149
WEB-CLIENT Outlook EML access	12
WEB-CLIENT ShockwaveFlash.ShockwaveFlash ActiveX CLSID access	11
WEB-FRONTPAGE .... request	16
WEB-FRONTPAGE /_vti_bin/ access	180
WEB-FRONTPAGE shtml.exe access	73
WEB-FRONTPAGE _vti_inf.html access	71
WEB-FRONTPAGE _vti_rpc access	72
WEB-IIS .htr access	5

Nom d'attaques	Nombre d'occurrences
WEB-IIS asp-dot attempt	23
WEB-IIS cmd.exe access	42
WEB-IIS CodeRed v2 root.exe access	6
WEB-IIS fpcount access	18
WEB-IIS fpcount attempt	2
WEB-IIS ISAPI .idq access	4
WEB-IIS ping.asp access	32
WEB-IIS view source via translate header	853
WEB-IIS webhits access	1
WEB-MISC .htaccess access	1
WEB-MISC /.... access	20
WEB-MISC /etc/passwd	16
WEB-MISC /home/www access	3
WEB-MISC Admin_files access	8
WEB-MISC apache ?M=D directory list attempt	11
WEB-MISC apache directory disclosure attempt	39
WEB-MISC backup access	31
WEB-MISC cat%20 access	304
WEB-MISC cd..	18
WEB-MISC Chunked-Encoding transfer attempt	6
WEB-MISC counter.exe access	1
WEB-MISC cross site scripting attempt	6802
WEB-MISC Domino setup.nsf access	35
WEB-MISC encoded cross site scripting attempt	4
WEB-MISC global.inc access	1
WEB-MISC handler access	37
WEB-MISC handler attempt	8
WEB-MISC http directory traversal	170
WEB-MISC ICQ Webfront HTTP DOS	88
WEB-MISC intranet access	7085
WEB-MISC ion-p access	1
WEB-MISC jigsaw dos attempt	837
WEB-MISC login.htm access	392
WEB-MISC Lotus EditDoc attempt	37
WEB-MISC Lotus Notes .pl script source download attempt	3
WEB-MISC ls%20-l	3
WEB-MISC malformed ipv6 uri overflow attempt	12
WEB-MISC musicat empower access	18
WEB-MISC net attempt	1
WEB-MISC NetObserve authentication bypass attempt	203
WEB-MISC PCT Client_Hello overflow attempt	2

Nom d'attaques	Nombre d'occurrences
WEB-MISC Phorecast remote code execution attempt	9
WEB-MISC RBS ISP /newuser access	32
WEB-MISC robots.txt access	11087
WEB-MISC search.dll access	435
WEB-MISC showcode access	1
WEB-MISC SSLv2 Client_Hello with pad Challenge Length over-flow attempt	15
WEB-MISC SSLv3 invalid data version attempt	3
WEB-MISC WEB-INF access	24
WEB-MISC weblogic/tomcat .jsp view source attempt	5286
WEB-MISC whisker tab splice attack	57
WEB-PHP /_admin access	138
WEB-PHP admin.php access	6
WEB-PHP Advanced Poll popup.php access	487
WEB-PHP calendar.php access	16
WEB-PHP friends.php access	88
WEB-PHP IGeneric Free Shopping Cart page.php access	186
WEB-PHP Mambo upload.php access	8
WEB-PHP modules.php access	1558
WEB-PHP myPHPNuke partner.php access	2
WEB-PHP Pajax arbitrary command execution attempt	14
WEB-PHP Phorum read access	6
WEB-PHP Photopost PHP Pro showphoto.php access	4
WEB-PHP phpBB privmsg.php access	130
WEB-PHP PHPBB viewforum.php access	2936
WEB-PHP read_body.php access attempt	133
WEB-PHP remote include path	78
WEB-PHP shoutbox.php access	1208
WEB-PHP test.php access	21
WEB-PHP Title.php access	15
WEB-PHP viewtopic.php access	6495
WEB-PHP xmlrpc.php post attempt	6

www.ingramcontent.com/pod-product-compliance
Lightning Source LLC
Chambersburg PA
CBHW021036210326
41598CB00016B/1036